CHANSONS

ET

SCÈNES DIALOGUÉES ET COMIQUES

LES PLUS NOUVELLES

DES

CAFÉS-CONCERTS

DE LA CAPITALE

AVEC MUSIQUE, GRAVURES

ET NOTICES HISTORIQUES

Prix : 75 centimes

PARIS

LIBRAIRIE POPULAIRE DES VILLES ET CAMPAGNES
Rue d'Ulm, 48

1864

CHANSONS

DES CAFÉS-CONCERTS

Paris — Typographie de Ad. R. Lainé et J. Havard, rue des Saints-Pères, 19.

LE PROTÉGÉ DE BIDOIS

CHANSONS

ET

SCÈNES DIALOGUÉES ET COMIQUES

LES PLUS NOUVELLES

DES

CAFÉS-CONCERTS

DE LA CAPITALE

AVEC MUSIQUE, GRAVURES

ET NOTICES HISTORIQUES

Prix : 75 centimes

PARIS

LIBRAIRIE POPULAIRE DES VILLES ET CAMPAGNES

Rue d'Ulm, 48

1864

LA NAISSANCE DU RICHE

Jamais époque ne fut plus féconde en écrits sur la position sociale de chaque classe de la société que celle enclavée dans la période de février 1848 à 1864.

Utopie chez les uns, exagération dans le plus grand nombre, résistance chez les autres, ignorance chez celui-ci, incurie chez celui-là, mauvais vouloir, confiance aveugle, vanité, présomption, entêtement, calcul, égoïsme, etc., etc., tout s'est produit, tout, tout, avec fiel, avec envie, avec fausse appréciation, avec injustice, avec déloyauté même.

De là, animosité, haine des uns contre les autres ; de là confusion ; de là... mais arrêtons-nous... renfermons-nous dans les bornes que nous ne pouvons pas dépasser... et venons, par le sujet de la chanson, LA NAISSANCE DU RICHE, à parler de cette classe de la société, plutôt ignorante des besoins d'autrui qu'égoïste et sans entrailles.

En général, l'opulence est généreuse et bienfaisante (nous ne parlons pas du parvenu, exigeant et capricieux, hautain et parcimonieux, au cœur froid et sec, n'agissant que poussé par l'ostentation) : notre but est d'atteindre ceux qu'une couche soyeuse et dorée a recueillis en naissant, et qui passent leur vie bercés par la fortune.

Du faubourg Saint-Germain à la place Maubert il y a, pour celui qui ne sort de son hôtel que pour entrer dans les salons dorés d'un autre hôtel, qui ne connaît de Paris que les lieux de plaisir ; pour celui-là, disons-nous, il y a de la place Maubert au faubourg Saint-Germain mille lieues et plus : il y a la barrière du connu à l'inconnu.

Dès lors est-il étonnant que le bien qu'il pense faire produise des résultats opposés à ceux qu'il désire ? Certainement, non.

Voyons un peu.

Généralement il est peu de maisons opulentes qui ne prélèvent quelques miettes en faveur de l'indigent : c'est une justice à leur rendre.

Hélas! pourquoi faut-il que ces miettes aillent à ceux qui les entourent, à ceux qui leur sont recommandés, particulièrement par les ministres de la religion, ou à ceux qui, plus osés, ne craignent pas d'adresser demande sur demande, placet sur placet ?

On donne encore à toutes les quêtes qui se font, et ces dons divers se multiplient, et forment à la fin de chaque année une somme assez arrondie.

Et néanmoins la fin ne répond pas au moyen : car, en donnant ainsi, on encourage la duplicité, le mensonge, la fainéantise, le vice enfin.

Celui-ci affiche une dévotion qu'il n'a pas pour se faire remarquer de son curé, et parvenir ainsi à figurer sur la liste des gens à secourir.

Celui-là compose son extérieur et se montre moral tandis qu'il est dépravé.

Cet autre, par ses combinaisons hypocrites, parvient à soutirer des deux mains.

Son voisin..... mais la nomenclature serait trop longue pour notre cadre; le lecteur y suppléera.

Et chacun passe son temps à s'ingénier pour s'attirer le plus de dons possible, et chacun perdant toute pudeur, trouve si doux de vivre sans rien faire, qu'il se livre à la fainéantise, et la fainéantise engendre les vices ; et l'aumône, ainsi pratiquée, corrompt, avilit, et devient, loin d'être un bienfait, un fléau social.

Et pourquoi procède-t-on ainsi? Parce qu'on ne se donne pas la peine d'arriver dans une autre sphère pour en étudier les besoins.

Nous pourrions citer un grand nombre de riches maisons qui, dans le but de soulager l'humanité, donnent, ou, pour mieux dire, jettent tous les ans plusieurs mille francs à la corruption.

Ne vaudrait-il pas mieux, se cotisant entre elles, créer des établissements consacrés à un labeur quelconque, où le nécessiteux trouverait, moyennant son travail, du pain et de la moralité?

Nous avons perdu le nom d'un évêque vivant encore quelques années avant 1789, lequel donnait beaucoup; mais il ne faisait pas l'aumône, il relevait, au contraire, l'obligé en l'employant d'une manière quelconque, dût-il l'occuper, faute de mieux, à transporter des tas de pierres d'un lieu dans un autre, et *vice versa*.

Ces établissements-là ne sauraient être considérés comme spéculation : ils amèneraient, au contraire, un déficit annuel que la bienfaisance comblerait; et, embrassant toutes les industries, car ils donneraient de l'ouvrage à toutes les professions, ils ne préjudicieraient néanmoins à aucune industrie par une concurrence incalculée, tandis qu'ils procureraient du travail au père de famille que le chômage laisse dans l'inaction, à celui qui fuit tout labeur, vivant par les dons des bonnes œuvres, à l'être faible et débile, au vieillard que remercie l'atelier actuel, lesquels, forcés par le besoin, éloignent toute honte de leur front, et se livrent à l'aumône comme à une action ordinaire qui n'a rien de déshonnête.

O, messieurs, visitez les mansardes, vous vous convaincrez que vos dons n'atteignent guère la pauvreté digne; que la plus grande partie passe en des mains corrompues ou se corrompant de jour en jour davantage, affainéantisées qu'elles sont. Et puis, comment en serait-il autrement? car vous êtes loin d'atteindre le but moral. Vous ne le manqueriez plus, alors; vous donneriez moins peut-être même, mais vous donneriez par le travail qui honore, par le travail proportionné aux facultés du vieillard, de l'être débile que repousse l'atelier, et vous donneriez à l'ouvrier lui-même victime du chômage.

Il ne faut qu'une âme généreuse pour prendre l'initiative. Un bon mouvement!!!

LA NAISSANCE DU RICHE

———

AIR : *Elle aime à rire, elle aime à boire.*

Au fond d'une alcôve dorée
Dont la soie, en rideaux pompeux,
Qu'entourent embrasses et nœuds,
En interdit au jour l'entrée;
Sur le duvet le plus moelleux
Arrive au monde la richesse.
Petits enfants, que Dieu sans cesse
Vous conserve heureux! bien heureux! *(bis.)*

Dans la chambre de l'accouchée
Que de chefs-d'œuvre réunis!
Meubles, tableaux, glaces, tapis...
De confortable elle est jonchée.
Là sont mille riens somptueux
Qui font l'orgueil de la richesse.
Petits enfants que Dieu sans cesse
Vous conserve heureux! bien heureux! *(bis.)*

Vous avez, arrivant au monde
Avec l'aide du médecin,

Un lait choisi, bien doux, bien sain,
Qui chez votre nourrice abonde.
Vous n'irez pas loin de ces lieux
Sucer le sein d'une pauvresse.
Petits enfants, que Dieu sans cesse
Vous conserve heureux! bien heureux! } (bis.)

Parents, amis, chacun s'apprête,
Les cloches résonnent dans l'air,
Le curé lui-même en est fier,
Votre baptême est une fête.
Comme sur leurs fronts radieux
Brillent la joie et l'allégresse!
Petits enfants, que Dieu sans cesse
Vous conserve heureux! bien heureux! } (bis.)

Près de votre couche soyeuse,
Dès le moindre vagissement,
Viennent, avec empressement,
Et bonne, et nourrice, et berceuse.
Pour plaire aux parents, de leur mieux,
Comme elles feignent la tendresse!
Petits enfants, que Dieu sans cesse
Vous conserve heureux! bien heureux! } (bis.)

Pas de regrets pour votre mère
Elle aura vos premiers souris,

1.

Vos premiers mots, toujours sans prix
Lorsque l'enfance nous est chère;
Vous allez grandir sous ses yeux,
Recueillant baiser et caresse.
Petits enfants, que Dieu sans cesse
Vous conserve heureux! bien heureux! } (bis.)

LA NAISSANCE DU PAUVRE

AIR : *Elle aime à rire, elle aime à boire.*

Sur le grabat d'une mansarde
Et sans trompette ni tambour,
Une ouvrière met au jour
Un enfant que nul ne regarde.
Ne maudis pas la pauvreté,
Cher enfant, qu'elle soit bénie !
C'est la nourrice du génie,
Du travail, de la liberté.

}*(bis.)*

Dans la chambre de l'accouchée
Pas de tapis, pas d'édredon;
On ne vient lui faire aucun don,
Car tout en haut elle est nichée.
Chacun fuit : c'est la pauvreté;
Ah! qu'elle ne soit pas bannie!
Il faudrait dire : Adieu, génie!
Adieu travail et liberté !

}*(bis.)*

Pas de cloches pour ton baptême,
Enfant! pas de gens empressés!
Mais à des vœux intéressés
Nul ne mêle un sourd anathème.
Et, fidèle à l'adversité,
D'amis une troupe bénie,

A table gaîment réunie,
Chante travail et liberté.

}(bis.)

Tu n'iras pas d'une étrangère
Sucer le lait à prix d'argent;
Lait, caresse, amour diligent,
Tu devras tout, tout à ta mère.
Puise et la force et la santé
A cette mamelle brunie,
Car tu reçus d'un bon génie
Deux dons : travail et liberté.

}(bis.)

Pour d'autres la vie est facile
Et leurs jours sont un long festin,
Travailleur, bénis ton destin!
Le vrai bonheur est d'être utile.
Tes talents, ton activité,
Vengent la pauvreté honnie.
On doit tout, science, harmonie,
Au travail, à la liberté.

}(bis.)

Une maison, ruche d'abeilles,
Par toi se remplira de miel.
Le travail, sous les yeux du ciel,
Du monde enfante les merveilles.
A qui doit-on, dans la cité,
De tous la demeure assainie?
Qui nous fait la moisson jaunie?
Le travail et la liberté.

}(bis.)

Un jour, gardes-en l'espérance,
Tu seras Franklin, Béranger,
Ou bien, grandi par le danger,
Lefèvre, un maréchal de France.
Ne maudis pas la pauvreté !
Par eux tous elle fut bénie,
Tous ils lui durent le génie,
La gloire et l'immortalité.

}(*bis.*)

L'avenir te sera prospère ;
Car, pour assurer ton bonheur,
Un prince enfant forme son cœur
Près du trône où s'assied son père.
De la maternelle bonté
Déjà sa jeune âme est munie ;
Il sait honorer le génie,
Le travail et la liberté.

}(*bis.*)

LADIMIR.

LA GRANDE DAME

C'est une chose bien sérieuse que la vie, et cependant nous la prenons tous, à de très-rares exceptions près, telle que le hasard nous la fait.

Esclaves des habitudes, soit que nous nous les donnions, soit que nos prédécesseurs nous les aient transmises, nous suivons avec entrain le torrent, sans réflexion aucune. Deux choses seulement nous guident, nous captivent : le plaisir au jeune âge, et l'argent, l'argent, ce dieu du vice, dès que la fougue de la jeunesse s'est envolée ; mais le bonheur, le moyen de se rendre heureux1 y pensons-nous seulement ? Jamais.

A cet âge où l'homme commence à penser, alors qu'une longue carrière se présente devant lui, s'ingénie-t-il à trouver les moyens de la semer de fleurs ? Hélas ! non.

Il ne réfléchit, il ne voit qu'une chose, l'argent, et rien que l'argent ; pour lui, le repos de l'âme, c'est l'argent ; la satisfaction du cœur, c'est l'argent ; le bonheur, enfin, l'argent et toujours l'argent.

De là bassesse sur bassesse pour en acquérir, égoïsme pour le conserver, turpitude pour en augmenter le chiffre.

De là l'ambition, cette tourmente du repos humain ; l'avarice, cette indigence au milieu des richesses ; l'envie, ce serpent à mille dards, les plongeant et replongeant sans cesse dans le cœur qu'il déchire sans pitié ni merci ; de là ennui, lassitude, dégoût, qui rendent la vie insupportable à toutes les positions sociales, quel qu'en soit l'échelon, aussi bien du haut en bas, comme du bas en haut.

Travailler à son avenir pécuniaire est un devoir. Nul ne doit être à charge à la société ; chacun lui doit la part de forces physiques ou intellectuelles dont l'a pourvu la nature ; car, si la société forme un tout composé de la réunion de ces forces éparses, ce tout est hétérogène, et nul n'a le droit de s'attendre à ce que la société fasse pour lui alors qu'il ne fait pas pour elle; aussi doit-il de nécessité absolue travailler à se créer les moyens d'existence.

Voilà pour une partie de la vie, voilà la vie alimentaire ou animale.

Mais, si le besoin de manger, de se vêtir, de se loger, ont leur *impérieusité*, les besoins moraux, c'est-à-dire de l'âme et du cœur, ne devraient-ils pas être écoutés et prévenus d'avance?

Ne devrait-on pas faire entrer dans l'éducation de l'homme de tous les âges, et dès la plus tendre enfance, l'enseignement de se rendre heureux?

Voyez notre duchesse : elle est noble, bien noble; elle est riche, bien riche, et elle n'est pas heureuse. Ce n'est donc pas la position sociale qui constitue le bonheur; ce n'est donc pas la fortune qui le donne! Il y a donc quelque chose de mieux que l'or et la naissance : c'est le bonheur! et le bonheur es tout.

Et pourquoi Mme la duchesse se trouve-t-elle malheureuse? Parce qu'elle a envisagé la vie comme tout le monde; parce qu'elle n'a pas su se créer une occupation qui donnerait des délices sans nombre à ses moments de loisir; parce qu'elle a usé de tout avec avidité, sans mesure ni retenue, ce qui a engendré la satiété.

Dans l'ancienne Grèce, un philosophe, dans le but de chercher un homme parfaitement heureux, épuisa une longue période de temps à voyager. En vain avait-il questionné monarques, puissants, riches, commerçants, industriels, ouvriers, propriétaires, paysans, employés, soldats; pas un seul n'était heureux, tous avaient à se plaindre plus ou moins. Il désespérait de ses recherches, lorsque, pour s'abriter contre la pluie, il entre dans une chétive cabane, habitée par un cul-de-jatte, tresseur d'osier; il le trouve chantant, guilleret, réjoui.

Étonné, il le questionne.

Cet homme lui apprend qu'il ne désire rien et se trouve parfaitement heureux.

« Est-ce bien possible ?

— C'est ainsi, répond le vannier.

— Et par quel moyen ? demande encore le philosophe.

— Je ne vous le cacherai pas, je ne regarde jamais plus
haut que moi. Je suis estropié : combien d'autres le sont encore
davantage ? J'ai une cabane : tout le monde n'en a pas ; je travaille sans que le labeur me manque : à combien d'autres il
faillit ? Je ne remplis pas mon estomac de mets succulents, mais
je le remplis à mon appétit, alors que d'autres souffrent de la
faim. J'ai une épouse qui m'aime, un enfant qui me chérit. Nous
vivons dans notre amour, et je suis heureux. Regardons toujours au-dessous de nous, et nous posséderons le bonheur. »

Le philosophe quitta le vannier, émerveillé d'une si vraie
philosophie, et se promit bien, lui aussi, de regarder toujours
plus bas que lui.

Nous en coûterait-il davantage pour être heureux, si nous
voulions bien ? Certainement non.

Apprenons de bonne heure à savoir jouir de ce qui est à nous.

Tout en travaillant à améliorer notre position sociale quelle
qu'elle soit, n'accordons de véritable prix qu'à ce que nous
possédons, et dès lors Pierre ne sera plus tourmenté sans cesse
par la position de son voisin qu'il envie ; Jean ne connaîtra pas
cette ambition qui lui fait sacrifier amis, parents, famille, honneur, vertu ; Camille ne jalousera point la toilette de Clotilde,
Clotilde le rang de Léonie ; Claire ne vendra pas sa pudeur, et
chacun goûtera dans sa position ce charme inconnu qui constitue le bonheur.

Et l'or ne sera plus le maître du monde !

Et, libres dans nos actions, la morale ne sera plus étouffée.

Et, et, et, et....

LA GRANDE DAME*

AIR NOUVEAU DE CARL MAJETTI

Musique à la suite.

De mes aïeux la noblesse
Se perd dans la nuit des temps;
Je suis marquise, duchesse,
Et je brille aux premiers rangs.
Du côté de la naissance
Je n'ai rien à désirer ;
Pourtant dans ma désœuvrance
Je me surprends soupirer.
      Ah! ah!
Pourtant dans ma désœuvrance,
      Ah !
Je me surprends soupirer.

J'ai des terres dans la Brie,
De l'or, des prés, un castel,
Des fermes en Normandie,
A Paris un riche hôtel.
Du côté de la fortune
Je n'ai rien à désirer,

* Réserve expresse du droit de traduction.

Néanmoins tout m'importune,
Je me surprends soupirer.
        Ah! ah!
Néanmoins tout m'importune,
        Ah!
Je me surprends soupirer.

J'ai partout loge à l'année,
Aux Opéras, aux Français;
J'y suis comme condamnée,
Et l'on ne m'y voit jamais
Au théâtre, plus qu'on pense,
J'éprouve, à me déchirer,
Des ennuis, une souffrance...
Je me surprends soupirer.
        Ah! ah!
Des ennuis, une souffrance...
        Ah!
Je me surprends soupirer.

Concerts, bals et promenades,
Pour moi n'ont aucun attrait,
Ils sont insipides, fades,
Et je n'y vais qu'à regret.
Les plaisirs de la campagne?
Je n'aurais qu'à désirer;
Partout l'ennui m'accompagne,
Je me surprends soupirer.
        Ah! ah!

Partout l'ennui m'accompagne,
     Ah!
Je me surprends soupirer.

Chez la femme, la toilette,
Passe toujours avant tout;
Ce qui me plaît, je l'achète,
Mais, sans plaisir et sans goût.
L'étoffe la plus nouvelle,
Je n'ai qu'à la désirer;
En vain je me fais bien belle,
Je me surprends soupirer.
     Ah! ah!
En vain je me fais bien belle,
     Ah!
Je me surprends soupirer.

Quoi! le bonheur sur la terre
N'existerait-il donc pas!
L'un souffre de la misère,
L'autre de ses grands tracas;
Une santé trop usée
Laisse ceux-ci désirer;
C'est la richesse blasée
Que l'ennui fait soupirer.
     Ah! ah!
C'est la richesse blasée,
     Ah!
Que l'ennui fait soupirer.

LA GRANDE DAME

Musique de Karl MAJETTI

De mes a - ïeux la no -

- bles - se Se perd dans la nuit des

temps; Je suis mar - qui - se, du -

- ches - se Et je brille aux pre - miers

rangs. Du cô - té de la nais -

- san - ce Je n'ai rien à dé - si -

- rer Pour - tant, dans ma dé - sœu - vran - ce

Je me sur - prends sou - pi - rer!... - - -

- - - ah! - ah! - - -

- - - Pour - tant, dans ma

dé - sœu - vran - ce, ah! - - -

- Je me sur-prends sou - pi - rer!

L'OUVRIÈRE

Nous l'avons dit, et nous le répétons encore, nous sommes loin, bien loin, d'autoriser les faiblesses humaines, pas plus chez la femme que chez l'homme. Plutôt, mille fois, briser notre plume que de l'employer à préconiser ce que la saine morale peut désapprouver ; mais, si la morale a ses exigences, la justice, l'équité, le sentiment humanitaire, n'ont-ils pas aussi les leurs ? N'est-il pas au fond de tous les cœurs une voix qui rappelle sans cesse ces sentiments ? et cette voix ne doit-elle pas être constamment écoutée ? Hélas ! on la fait taire, on la refoule, et l'on finit ainsi par s'habituer à trouver juste ce qui ne l'est pas, à trouver équitable ce qui est injuste, à trouver naturel ce qui est monstrueux.

C'est ainsi que l'usage, le préjugé, la convention, l'égoïsme, que sais-je ? mènent la société depuis des siècles et consacrent comme moral ce qui n'est en réalité qu'une véritable injustice.

L'ouvrière que nous chantons nous porte naturellement à parler de la femme en général ; cependant nous n'entreprendrons pas aujourd'hui de la considérer sous les différentes acceptions de sa position actuelle ; une seule nous occupe, celle du poids de sa faute. Néanmoins, avant de l'atteindre, nous nous croyons obligé de dire quelques mots sur les diverses phases de sa position sociale :

Traitée en esclave dans les temps reculés, alors qu'elle était considérée comme n'être venue au monde que pour la seule satisfaction de l'homme, lequel usait sur elle du droit de vie et de mort, nous la voyons, chez les Juifs, les Romains et bien d'autres peuples, répudiée selon qu'il plaît à son seigneur et maître d'en ordonner. Et chez nous, dans notre belle France, n'a-t-elle pas été, lors des premiers âges de la monarchie, dans un esclavage complet? Plus tard, à cette période même où les lettres commençaient à s'introduire, n'a-t-il pas été mis en question, au concile de Mâcon, de savoir si elle avait ou non une âme? Et, sans aller si loin encore, *Molière* ne verse-t-il pas le ridicule sur les femmes qui cherchent à s'instruire *?

En revanche, on leur permettait (c'est Molière qui parle) de développer leur intelligence jusqu'au point

> Que la capacité de son esprit se hausse
> A connaître un pourpoint d'avec un haut de chausse.

Ne la voyons-nous pas encore traînée la corde au cou et vendue dans certains marchés anglais? N'est-elle pas à l'état d'esclavage aussi dans une partie du nord de l'Afrique; la Turquie, la Perse, etc., etc.?

Heureusement pour elle, sa position sociale s'est améliorée progressivement, selon que l'esprit a empiété sur la force brutale, et aujourd'hui la femme a atteint enfin sa place et s'est élevée au niveau de l'homme dans la société.

Mais si, sous le point de vue de l'esclavage, elle n'a plus rien à envier, combien de rectifications n'est-elle pas en droit de réclamer sous le point de vue de sa position morale? combien de conquêtes ne lui reste-t-il pas à faire pour atteindre cette justice humanitaire qu'elle est en droit d'espérer?

Habitué à trouver chez la femme une esclave, une servante, un meuble peut-être, l'homme, usant de toute sa force brutale, voulut réglementer cette esclave, cette servante, ce meuble. Dès lors, appréciant d'avance combien il s'exposerait lui-même, il dit à la jeune fille ** : «Je veux être libre dans mes plaisirs ; mais, si tu l'étais comme moi, que deviendrait la société? Il faut une retenue, un frein; il faut la préserver,

---

* Voyez ses *Femmes savantes*.
* Je n'entends nullement parler de la femme en pouvoir de mari; cette question (nous la traiterons en son temps et lieu) exige, tant elle est délicate, plusieurs articles.

cette société, de toutes les suites d'un dérèglement général, et pour cela chaque faiblesse amènera sa honte, chaque faute sa réprobation, et la honte, la réprobation, cloueront la malheureuse au pilori de l'opinion publique. — Et le complice? se hasarda à demander la jeune fille. — Il n'y aura pas de complice: par cela seul que je suis homme, je veux être libre de mes actions; par cela seul que j'ai la force, je veux que toi plus faible, toi plus aimante (car le Créateur s'est complu à verser à pleines mains l'amour dans le cœur de la femme), toi dont l'habillement..... toi quelquefois atteinte d'une maladie d'intempérance dont la nature a affranchi l'homme..... toi dont....., tu résistes à ma force, à mon amour, à mes ruses, à mes promesses, à mes serments, à tout enfin, ou sinon tu seras avilie. »

Telle est encore, dans notre société si avancée, la position de la jeune fille entraînée par une faiblesse, tandis que l'auteur de cette faiblesse (j'oserai presque le dire) n'en est que plus considéré.

Nous concevons qu'il en ait été ainsi à cette époque où la justice était la force; l'équité, la force; l'humanité, la force. Mais de nos jours, alors que tout cède à l'intelligence, ne faudrait-il pas remettre à sa véritable place tout ce qui est déplacé? Ne devrait-il pas y avoir parité dans la flétrissure, ou indulgence, miséricorde et appui pour celle qu'on flétrit, alors qu'appréciant sa faute elle viendrait, repentante et prémunie contre toute nouvelle faiblesse, demander à cette société qui la repousse l'oubli d'un égarement dont elle a eu déjà tant à souffrir?

Elle a beaucoup aimé, il lui sera beaucoup pardonné, dit Jésus parlant de Madeleine repentante; et nous qui avons embrassé sa loi, nous qui vivons sous son règne, nous qui, par conséquent, devrions suivre ses préceptes, nous nous ingénions à les éluder. Oh! contradictions humaines!

UNE OUVRIÉRE [*]

AIR NOUVEAU DE M. ANCESSY

Musique à la suite.

Veuve et pauvre, avec cinq enfants,
Ma mère habitait le village ;
Moi, leur aînée, avant douze ans,
Je fus mise en apprentissage.
Avec tous ceux de l'atelier,
Il faut servir Monsieur, Madame ;
Ménage, enfants, chacun réclame ;
A toute heure j'étais sur pied ;
Mal couchée et plus mal nourrie :
Dieu ! qu'il est dur d'être apprentie.

Plus tard je travaillais toujours ;
Bien heureuse d'être ouvrière,
Je vivais mal, mais des secours
Parvenaient à ma bonne mère.
Un chômage long arriva :
Hélas ! plus rien pour ma famille,
Et plus de coucher, pauvre fille !

[*] Réserve expresse du droit de traduction.

Tous mes effets on m'enleva :
On me les prit en garantie
Pour payer ma chambre garnie.

J'entre enfin dans un atelier :
Le patron me trouve gentille ;
Il m'appelle en particulier,
Ce *pronateur* de la famille !
Sur mon front monte la rougeur,
Plus de travail pour l'ouvrière !
Entre la honte et la misère
Je repousse le déshonneur,
Et m'éloigne alors indignée
Sans même achever ma journée.

Mon Dieu ! que de séductions
M'entouraient, pauvre travailleuse !
Combien de propositions !
J'en suis encore toute honteuse.
Tantôt c'est un jeune élégant
Qui promet, plus tard, mariage,
Tantôt on m'offre un équipage
Au nom d'un Monsieur très-puissant ;
Tantôt, par la vieille éhontée,
Je suis suivie et convoitée.

Tout près de moi, sur mon pallier,
Arrive un peintre en paysage :
C'est mon égal, un ouvrier,

Triste, mal mis, manquant d'ouvrage.
Il me disait : Bonsoir, bonjour;
Sur ses maux j'étais attendrie.
Le malheur fait la sympathie.
Sans m'en douter, j'aimais d'amour.
Il m'a laissée avec ma fille,
Riche qu'il est de sa famille.

Viens sur mon sein, viens, mon enfant!
Sois plus heureuse que ta mère.
Sans guide je fus constamment,
Pardonne-moi ma faute amère.
Il avait l'air si malheureux,
Si grande était son infortune,
Ah! ce souvenir m'importune!
Il m'a trompée, oh! c'est affreux!
Mais c'est ton père, pauvre amie,
Respecte-le toute ta vie.

L'OUVRIÈRE

Musique de M. ANCESSY

Veuve et pauvre a — vec cinq en —
— fants, Ma mère ha — bi — tait le vil — la — ge, Moi leur aî —
— née, a — vant douze ans Je fus mise en ap — pren — tis —
— sa — — ge, A — .vec tous ceux de l'a — te — lier, Il faut ser —
— vir Monsieur, Ma — da — me, Ménage, en — fants, cha — cun ré —
— clame A toute heu — re, j'é — tais sur pied, Mal cou — chée
et plus mal nour — ri — e, Dieu qu'il est dur

d'être ap-pren - ti - e, Mal cou - chée et plus mal nour-

- ri - e, Dieu qu'il est dur d'être ap-pren - ti - e.

LA NOCEUSE

La noceuse est à l'ouvrière ce qu'est le *fruit sec* à l'étudiant.

Celui-ci a ses cours à suivre, ses études à faire : ses cours! à peine s'il y va une fois par semaine, tout au plus encore, par distraction, par manière de désœuvrement; ses études! il les remet au lendemain.

Celle-là a sa place dans un atelier, mais sa place est veuve, ou peu s'en faut, depuis le lundi jusqu'au dimanche.

Aujourd'hui c'est une partie de campagne qui l'empêche de venir l'occuper; demain ce sera un déjeuner se prolongeant jusqu'après le dîner, et ainsi de suite; chaque jour, nouvelle affaire; chaque jour, nouveau motif de désertion.

A l'un et à l'autre il faut des voitures, des cafés, des restaurants, des spectacles, des bals, du bruit, de la joie, des plaisirs; la vie est courte, il faut l'égayer; la jeunesse n'a qu'un temps, il faut en jouir; on travaillera plus tard; on aura du bon sens plus tard; en attendant, amusons-nous; n'ayons rien à regretter alors que nous verrons s'échapper le bel âge.

Tel est le raisonnement de l'une et de l'autre, et les jours se passent, les semaines, les mois, les années s'écoulent, et l'on arrive à ce terme où l'étudiant *fruit sec* parvient à peine à faire un inepte homme d'affaires ou un maladroit pédicure : où la noceuse, ayant perdu l'habitude de son état, échappe rarement à la faction nocturne.

Les bals publics sont si multipliés à Paris, que chaque quartier offre les siens; l'entrée en est libre pour les dames.

La curiosité, l'ennui, la circonstance, la compagnie, les sons d'un orchestre projetant au dehors leur séduisante gaieté, tout conspire à entraîner la jeune fille...

Hésitante, d'abord, elle n'entre dans un bal qu'en trem-
blant, le rouge colorant ses joues jusqu'à atteindre son front;
elle se trouve déplacée dans ce lieu; son cœur bat à rompre
sa poitrine; on l'engage à la danse, elle refuse, et cependant
elle se sent entraîner; ses jambes tressaillent, un pouvoir ma-
gique la pousse, les sons joyeux de l'orchestre l'enlèvent;
néanmoins elle refuse encore... on la presse de nouveau, elle
accepte.

Sa danse, timide, mesurée, se ressent de son début; mais
elle n'en a pas moins fait le premier pas.

Son cavalier est gentil, aimable, galant, empressé; l'on aime
à le revoir, et l'on revient.

Insensiblement l'on s'habitue : il est si doux de céder à
l'entrain du plaisir! Et le bal devient un besoin, une nécessité;
à tel point que bientôt la journée paraît d'une longueur insupportable, l'heure de la danse n'arrive qu'à pas lents...
Enfin elle sonne, et, le sourire sur les lèvres, la joie dans le
cœur, la tête pleine de mille projets de plaisir, l'on part pour
le bal.

Valse, polka, contredanse, scotichs, l'un semble n'être que
le prélude de l'autre; la timidité a disparu; on veut briller, on
hasarde ses pas, on développe ses grâces, le plaisir se change
en fatigue... le cavalier est tendre et pressant... et le lendemain on est si lasse qu'on ne saurait travailler.

La journée est longue, la promenade d'abord... puis... et l'on
déserte l'atelier petit à petit.

Faible de caractère, la noceuse a généralement un excel-
lent cœur*; elle s'apitoie, et rarement l'infortune ou le malheur la trouvent sourde à leurs voix. Non-seulement elle donne,

---

* Nous connaissons une noceuse, deux fois mère, dont les enfants ont été
confiés à l'*OEuvre de saint Vincent de Paul*, pour se débarrasser sans doute d'un
fardeau trop gênant, laquelle a toujours ignoré même ce qu'ils sont devenus,
et cette même noceuse, il y a un an environ, s'est trouvée auprès du lit d'une
mère mourante lui confiant son enfant de six ans, resté orphelin par la mort de
son père, enlevé six mois auparavant. Elle l'a gardé et le soigne avec toute la
sollicitude d'une tendre mère. Quelle anomalie! Bizarreries du cœur humain!

mais encore elle pay: souvent de sa personne, à la vue du malheur. Combien n'en voit-on pas refuser une partie de plaisir pour soigner quelqu'un, alors que dans leur nature tout est sacrifié à l'amusement ?

Elle ne fera jamais un pas pour découvrir une détresse ; mais qu'elle s'offre inopinément à sa vue, rarement elle lui fera défaut.

Chaque département fournit son contingent de noceuses ; mais, règle générale, les jeunes personnes qu'il envoie à la capitale ne le deviennent pas indistinctement. Oh ! non, il est très-rare de voir figurer parmi elles la fille arrivée à Paris, vers l'âge de vingt ans et au-dessus.

Serait-ce par l'effet de la réflexion ou des habitudes déjà contractées ? Nous laissons cette solution au lecteur. Il est de fait que le nombre de celles-là est très-restreint.

D'ordinaire, la noceuse est une jeune et délurée Parisienne, alerte, vive, gaie, un gamin de Paris en jupons, ou, si on le préfère, un *titi* femelle. Égrillarde déjà, en entrant en apprentissage, ses progrès sont rapides ; elle veut tout voir, tout connaître, et saisit avec empressement l'occasion qui, la première, lui offre le spectacle d'un bal public, comme elle avait sollicité celle d'aller au théâtre, au café chantant, à un feu d'artifice, à une fête quelconque.

D'ordinaire, c'est la Parisienne, ou la jeune fille de province arrivée adulte et placée dans un atelier, loin de ses parents, qui, enfant encore, est ouvrière libre et maîtresse de ses actions, qui fournit au contingent des noceuses.

Elle veut voir, la vue n'en coûte rien ; elle veut pouvoir, comme ses camarades d'atelier, raisonner mazurka, redowa ; elle n'oserait pas, une première fois, venir seule dans un bal, mais, soit qu'elle en provoque l'occasion, soit que l'occasion se présente à elle, hélas ! elle n'attend pas longtemps : elle voit ! Heureuse, lorsque cette vue ne l'hallucine point jusqu'à l'entraîner dans ce tourbillon de plaisirs sans nombre où elle laisse sa jeunesse, son honneur, son avenir, contre une vie de honte et de misère !

Imp. Frick Frères Paris

LA NOCEUSE

AIR : *Un jour le roi qui se fait vieux* (Béranger) ;

ou : *Encore du Charlatanisme.*

Vive la danse et la gaîté !
Vite Prosper, viens Rosalie,
Partons pour le Jardin d'Été ;
Au plaisir l'orchestre convie.
Rions, chantons, aimons, noçons ;
Vivent la joie et la jeunesse !
A bas travail, conseils, sermons,   (*bis.*)
Réservons-les pour ma vieillesse.   (*bis.*)

Je n'entre plus dans l'atelier.
Est-elle bégueule, Constance !
Oh ! moi, je veux me marier,
Dit-elle, et j'évite la danse.
Où trouverait-on mieux qu'ici,
A la Chaumière, amour, tendresse !
J'y viens pour choisir un mari   (*bis.*)
Qui m'épouse dans ma vieillesse.   (*bis.*)

Je frise à peine mes vingt ans,
Et j'ai quitté mon nom de fille,
Trois fois, pour ceux d'étudiants ;
Ils sont partis, adieu, famille.
Vienne un jeune homme comme il faut,
Je ne suis point une tigresse,

J'accepte son nom aussitôt,   (*bis.*)
Sauf à changer dans ma vieillesse.   (*bis.*)

Souvent sans souliers et sans bas,
Parfois pompeusement nippée,
Combien j'ai fait de hauts, de bas,
Sans en perdre mon humeur gaie!
Je viens de retomber encor
Dans une cruelle détresse :
Demain je roulerai sur l'or,   (*bis.*)
Et j'en garde pour ma vieillesse.   (*bis.*)

Les ennuis viendront assez tôt;
Je suis jeune, fraîche, dodue;
La blouse, l'habit, le paltot,
Me font une cour assidue :
Tous me demandent d'être heureux;
Ils peignent si bien leur tendresse!
Et moi, j'en fais tant que je peux,   (*bis.*)
Dans l'intérêt de ma vieillesse.   (*bis.*)

A Mabile, à Valentino,
Au Château-Rouge, à la Chaumière,
Ma danse excite un doux bravo;
Moins modiste, j'en serais fière.
On répète de toutes parts :
Que de grâce, de gentillesse!...
Moi, je fais de plus grands écarts,   (*bis.*)
Afin d'honorer ma vieillesse.   (*bis.*)

LE CICÉRONE

CHANSONNETTE

———

AIR : *de la valse des Comédiens.*

Pour exercer l'état de cicérone,
Faut des malins, et, ma foi, je le suis ;
J'ai de l'aplomb, ma jambe est encor bonne,
Et, sur mes doigts, je connais mon Paris.

Il faut savoir distinguer à sa mine
Si l'étranger est habitant du sol,
Américain, Allemand, de la Chine,
S'il parle anglais, suédois, espagnol.

Pour lui, toujours, je suis grand polyglotte ;
Je le subjugue, imitant son accent ;
Il croit en moi voir un compatriote,
Et mes profits s'en grossissent d'autant.

Le savoir seul est, hélas ! peu de chose ;
Dans notre siècle, il vous laisse en chemin ;
Mais en faiseur montrez-vous, qu'on se pose,
Sots et badauds vous feront tous la main.

Pour exercer l'état de cicérone,
Faut des malins, et, ma foi, je le suis;
J'ai de l'aplomb, ma jambe est encor bonne,
Et, sur mes doigts, je connais mon Paris.

(*Parlé*). Ça n'empêche pas de faire des boulettes quelquefois... et, pas plus tard qu'hier, par exemple... hôtel du Rhin, chambre 22... je monte... j'ouvre... me voilà nez à nez avec un gros Allemand... un vrai sac à bière... tudesque pur sang, exhalant au parfait son odeur de choucroute... Je ne m'en défends pas, j'adore la choucroute, j'en raffole, moi... et pourquoi pas?... Chacun son goût*. — *Fous être le cicérone temandé?* — *Ya, menher.* — *J'y foudrais bromener tans Baris.* — *C'est facile, monsir,* que je réponds à mon tudesque. — *T'abord, faut fisiter Berci.* — C'être facile monsir. — *Et pien, bartons.*

V'là que je le dirige sur Bercy... Chemin faisant, l'Allemand ne me dit pas un mot..... je lui réponds sur le même ton..... conversation agréable, qui ne m'empêche pas de faire mes petites réflexions... Ça ne boit que de la bière dans son pays... va-t-il s'en donner, mon gaillard... va-t-il s'en donner à Bercy!... Bref, nous entrons dans un chai... *Monsir Berci,* demanda le sac à bière; *moi avre un brocès à Baris...* c'était M. Persil, avocat, qu'il demandait... Aïe, aïe, aïe, que je fais, me grattant l'oreille, et, pour amoindrir ma balourdise, j'ajoute: — *Barton, monsir, moi avre mal compris.* — *Che fois pien, tarteffle!* — *Aussi, menher...* C'est pour le flatter que je glissai ce mot: menher. — *Taisez-vous, ce être bas le faute à vous... ce être le faute de fotre langue... toutes les mots sont l'y mêmes.* — *Bourtant, menher,* que je me hasarde à riposter, toujours dans l'intérêt de le flatter. — *Taisez-vous; ya, toutes les mots sont l'y mêmes, tarteffle!... Vous abbelez un*

---

* Il faut donner à tous les mots italiques l'accent de la langue du personnage que le cicérone contrefait.

*choli chat; un chabeau... (indiquant son chapeau) et cha?
un chabeau... et le betit boisson t'amer? Un chabeau... (il
indique son jabot) un chabeau... (il indique son pied) un
chabeau. —* Ah! oui, un sabot. *— (Il fait le mouvement de
lancer une toupie.) Un chabeau. —* La toupie. *— Ya, ya,
menher... et le betite fenêtre du navire, encore un chabeau?*
— Ya, ya, monsir, je m'écriai dans l'espoir de l'arrêter, crai-
gnant qu'il ne transformât en *chabeau* tous les mots de notre
langue, sans distinction.

AIR : *Encore du charlatanisme.*

Combien d'autres originaux
Faisant les hommes d'importance,
De nigauds, mais de vrais nigauds,
Que le chemin de fer nous lance.
Ce matin même, un Marseillais,
Avec une assurance entière,
M'a dit : Menez-moi sans délais,　　　(bis.)
Visiter votre Canebière.　　　(bis.)

(Parlé). Notre Canebière, monsieur? *— Et oui, troun dé
l'air! la Canébière de Paris. —* Paris n'a pas de Canebière,
monsieur! *— Paris n'a pas de Canébière, troun d'un goï?
C'est donc de la ripopée que votre Paris à côté de Marseille!... Alors, menez-moi au port! —* Mais, nous n'avons
pas de port. *— Vous n'avez pas de port? Il est propre, votre Paris... si je l'avais su, je n'aurais pas fait deux cents
lieues pour voir une pareille bicoque. —* Mais nous avons
autre chose à montrer, que je lui dis... la place de la Révolution, le Louvre, les Tuileries, la Madeleine. *— La Madeleine?*
— Oui, monsieur. *— Farceur, la Madeleine est à la Sainte-
Beaume... son frère Lazare, à Marseille, et sa sœur Mar-*

3

the avec la Tarasque, à Tarascon. — Qu'est-ce que la Tarasque? je me hasardai à demander à cet original. — *Vous ne
le savez pas, à votre âge?... les enfants le savent, à Marseille.* — *La Tarasque est un, je veux bien vous l'appren-
dre, animal.* — Oh! que je fis. — *Oui, la Tarasque est un
animal, long, long, comme une poutre... qui dévorait tous
les enfants mâles, de père en fils... jusqu'à soixante ans...
C'était une désolation dans le pays... Elle avait croqué tous
les hommes. Depuis vingt ans, il n'en restait plus un seul...
les femmes en étaient désolées, troun de l'air!... et, le plus
vexant encore, c'est que chaque enfant mâle, toujours les
mâles, arrivant au monde, n'était pas plus épargné qu'elle
n'avait épargné son père, vingt ans auparavant... Alors
sainte Marthe se dit : Faut que je m'en mêle.* — De faire des
enfants? lui ai-je répondu. — *Eh! non, de tuer, troun d'un
goï, la Tarasque.... Voilà qu'elle prend un fil à coudre...
s'habille en homme, l'animal vient pour la croquer... crac,
elle lui passe son fil au cou, et c'est la Tarasque qui est
prise... Alors elle la promène par toutes les rues de Tarascon... et, tenez, on la promène encore tous les ans lors
de la fête...* — Elle doit être bien vieille, que je lui réponds.
— *Vieille! elle est morte, bagasse.* — Et on la promène toute
morte! — *Coïon! c'est une poutre qu'on promène, et l'on
dit que c'est elle, maca... Allez me retenir une place au
chemin de fer.* — Pour? — *Et pour Marseille! troun d'un
goï.* — Vous repartez? — *Je crois bien, que je répars; je ne
reste pas dans une ville qui n'a ni Cannebière ni port.*

AIR : *Femmes, voulez-vous éprouver.*

Jeudi dernier, un gentleman,
  A l'abord froid, au regard sombre,
Me retient pour son truchement;
  Il était vert comme un concombre :

Je voudrais, dit-il, moi, guérir
Du cruel spleen qui me terrasse;
Aussi, je viens, sans coup férir,
Auprès du Français si cocasse!

(Parlé). *Yes, yes, yes, il être bien, beaucoup cocasse, le Français... il rire tooojours... moi venir à Paris pour amuser moi... beaucoup amuser moi. Moi, aller voir tout le divertissement de Paris, les Ca...ca... les Ca...ca.. non, non, les Cata...* (tapant du pied) *Goddem! aidez donc à moooi... les Cata...* — Ah! oui, les Catacombes. — *Yes.* — *C'est très-gai, yes, les Catacombes... et le père le Fauteuil... le enterrement du père le Fauteuil.* — Le cimetière du Père-La Chaise, sans doute. — *Yes, yes, le Chaise.* — C'est très-gai, encore, milord. — *Et les hôpitals!... moi vouloir rire très-bien, beaucoup, beaucoup.* — Ça ne vous manquera pas, avec un pareil choix... — *Allons à le hôpitaux!* — Allons à le hôpitaux! que je lui réponds, et je le dirige vers l'Hôtel-Dieu... Arrivés à la pointe Saint-Eustache, mon Anglais s'arrête pour contempler un marchand de salade et un Auverpin qui s'engueulaient à cent sous par tête... L'enfant d'Albion fend la foule qui les entoure... je le suis... il arrive aux deux champions. — *Vous boxer, vous, très-bien, beaucoup fort,* leur dit-il, *tenez...* Et il met une guinée dans la main du fouschtra et une autre dans celle du Normand... Mes gaillards serrent leurs pièces et se disposent à se retirer. — *Du tout, du tout* (dit l'Albionnais en colère, les attrapant l'un par la blouse, l'autre par la veste); *moi, payer vous pour boxer et amuser moi.*

LE NORMAND. *

Ah! ben, oui; que veut-il donc, le gaffieux? Je ne veux pas me battre, mè.

* Nous avons disposé la fin en dialogue pour le faciliter, mais il faut faire les qualifications des personnages.

L'AUVERGNAT.

Ni moi non plus, fouschtra ?

L'ANGLAIS.

Le boxe, il fait rire beaucoup... et moi vouloir rire beaucoup.

LE NORMAND.

Et mè, je ne boxerai pas pour le plaisir de vous faire rire beaucoup...

L'ANGLAIS.

Alors, rendez le argent à moi.

LE NORMAND.

Je plaiderais plutôt, et j'en appellerais à toutes les juridictions, ma fine...

L'AUVERGNAT.

Le plus souvent que je le sortirai de ma poche : une fois qu'il y est entré, il y est, et il y est bien...

L'ANGLAIS.

Boxez ou rendez le argent à moi.

L'AUVERGNAT.

C'est pour le coup que les camarades du Cantal me renieraient pour un des leurs... Je suis enfant de l'Auvergne...

L'ANGLAIS.

Goddem ! vous mettez moi colèrement, beaucoup... vous voulez pas du tout, du tout ?

L'AUVERGNAT.

Je crois bien, fouschtra!

LE NORMAND.

Et moi donc! j'ai le cœur trop content.

L'ANGLAIS.

Vous refusez, un, deux, trois.

LE NORMAND.

Je refuse, un, deux, trois, foi de Normand!

L'ANGLAIS.

Et moi vouloir boxer avec vous.

Aussitôt il ôte son habit et son chapeau, qu'il me donne à garder, fond sur le Normand... d'un coup de poing lui ébranle a mâchoire... Étourdi... vous le pensez bien, on le serait à moins... le Normand appelle à son aide l'Auvergnat, et tous trois s'en donnent, au grand ébahissement des assistants..... Pif, paf, pif, paf... l'insulaire tape comme un sourd... Enfin, épuisés de lassitude, ils s'arrètent... *Moi, bien content,* me dit l'Anglais, frottant son œil poché et ramassant une poignée de ses cheveux, arrachée pendant la bagarre... — *Moi, content, beaucoup content... Allons à le hôpitaux!*

AIR : *de la valse des Comédiens.*

Pour exercer l'état de cicérone,
Faut des malins, et, ma foi, je le suis
J'ai de l'aplomb, ma jambe est encor bonne,
Et, sur mes doigts, je connais mon Paris.

Il faut savoir distinguer à sa mine
Si l'étranger est habitant du sol,
Américain, Allemand, de la Chine,
S'il parle anglais, suédois, espagnol.

Pour lui, toujours, je suis grand polyglotte;
Je le subjugue, imitant son accent,
Il croit en moi voir un compatriote,
Et mes profits s'en grossissent d'autant.

Le savoir seul est, hélas! peu de chose;
Dans notre siècle, il vous laisse en chemin;
Mais en faiseur montrez-vous, qu'on se pose,
Sots et badauds vous feront tous la main.

Pour exercer l'état de cicérone,
Faut des malins, et, ma foi, je le suis;
J'ai de l'aplomb, ma jambe est encor bonne,
Et, sur mes doigts, je connais mon Paris.

LE VIEUX MAITRE D'ARMES

AIR NOUVEAU DE M. ANCESSY

Musique a la suite.

Je donnais des leçons de pointe,
De bancal et de contre-pointe;
Mais, hélas! depuis quinze jours,
Pas un seul élève à mon cours!
Ils m'ont quitté. Je fus trop flasque!
Loin d'accrocher fleuret et masque,
J'eusse bien mieux fait, au partant,
De jeter sans façon le gant.

L'on me dit : Vous êtes trop vieux
Pour donner des leçons d'escrime :
Je soutiens que c'est une frime,
Car je me sens très-vigoureux.
Si parfois mes jambes faiblissent
Et m'entraînent dans leurs faux pas,
Ce sont mes jambes qui vieillissent,
Mais voyez (il se redresse), je ne vieillis pas; } (bis.)
Non, non, non, je ne vieillis pas. (quater.)

(Parlé.) C'est celle-là surtout. (Il désigne la jambe gauche.) Oh! celle-là, impossible de la conduire... En vain je
m'évertue, en vain je l'émoustille sans cesse : ouitchtre! elle

est rétive en diable; elle traîne, elle traîne... mais à vous désespérer. (*Il désigne la jambe droite.*) Celle-là, c'est bien différent; elle est bien un peu paresseuse aussi..... mais pas toujours..... quand le temps est à la pluie seulement..... Oh! alors, impossible de la faire aller... C'est égal, je n'en suis pas moins ingambe pour cela..... quand il fait beau..... et tenez (*Il se met en garde*) une, deux (*Il fait des appels du pied*), une, deux; rompez, rompez encore, encore. (*Il rompt toutes les fois.*) Fendez-vous : c'est bien; relevez-vous. Aïe, aïe, aïe, aïe, aïe! (*Il se relève avec peine.*) Allons donc, la traînarde! (*Il tape sur sa cuisse gauche*), allonge, allonge; mais non, mais non, n'allonge pas... Aïe! aïe! aïe!... C'est assez comme ça, merci. Voyons encore... (*Il se remet en garde.*) Une, deux, trois, appel... (*Il fait des efforts sans réussir à lever convenablement le pied droit.*) Appel, appel... Va-t-en voir s'ils viennent. Elle ne veut plus... Mais partez donc, fainéante. (*Il essaye encore inutilement.*) Ouischtre! elle s'est entêtée... C'est comme si je chantais... C'est fini... je n'en ferai plus rien maintenant. (*Il se relève avec peine.*)

Je donnais des leçons de pointe,
De bancal et de contre-pointe;
Mais, hélas! depuis quinze jours,
Pas un seul élève à mon cours!
Ils m'ont quitté. Je fus trop flasque!
Loin d'accrocher fleuret et masque,
J'eusse bien mieux fait, au partant,
De jeter sans façon le gant.

Quoi ! je ne vois plus assez bien
Les feintes de mon adversaire,
Et je me laisse faire, faire...

Mais c'est une erreur, nom d'un chien !
Si parfois un léger nuage
Cause à ma vue un embarras,
C'est mes yeux qui prennent de l'âge, } (bis.)
Mais, voyez (il se redresse et fait jouer ses yeux), je ne vieillis pas;
Non, non, non, je ne vieillis pas. (quater.)

(Parlé.) Ah ! je ne vois pas assez clair !... En ligne, vous qui parlez... en ligne, je vous ferai voir si je vois. (Il se met en garde.) Attendez, attendez un peu que je tue ce papillon. (Il brandit et tape de son fleuret comme si réellement il cherchait à tuer un papillon qui volerait autour de lui.) Eh bien donc, je ne l'atteindrai point. (Il se relève.) Je ne le vois plus... disparu. (Il fait un mouvement avec son fleuret qui lui remet la mouche devant les yeux.) Ah ! ah ! ah ! ah ! (Il rit.) Tiens, c'est la mouche de mon fleuret que j'ai prise pour... Ah ! ah ! ah ! (Il rit encore.) C'est-y drôle ! je prends ma mouche pour un papillon... Dans tous les cas, ce n'est pas une mouche qui pique... mais si, elle pique... quand elle n'y est plus... Ah ! ah ! ah ! ah ! (Il rit.) Ah ! je ne vois pas assez clair... lorsque je vous vois tous... je pourrais vous compter : un, deux, trois, quatre, cinq, six, sept. Et d'ailleurs, est-il nécessaire de tant voir pour atteindre son adversaire ? (Il passe son fleuret dans sa main gauche et gesticule de l'index de la main droite.) On sait que son homme est là. (Il fait tous les mouvements qu'il indique.) D'abord, on s'efface bien ; on se couvre de son coude et de l'avant-bras ; on risque la saignée et voilà tout. (Il reprend son fleuret de la main droite et se met en garde.) L'on tient toujours sa pointe sur la poitrine de son particulier ; l'on fait le moulinet, puis l'on pousse, pousse, pousse, comme ça... Ah ! tu en veux, tiens, tiens, voilà... et voilà !

3,

Je donnais des leçons de pointe,
De bancal et de contre-pointe;
Mais, hélas! depuis quinze jours,
Pas un seul élève à mon cours!
Ils m'ont quitté. Je fus trop flasque!
Loin d'accrocher fleuret et masque,
J'eusse bien mieux fait, au partant,
De jeter sans façon le gant.

Il faut de la dextérité,
Me dit-on, pour faire des armes;
Je n'en prends certes pas d'alarmes,
J'en possède à satiété.
De tous mes membres j'ai l'usage
Sauf une raideur à ce bras (il indique le bras droit);
Peut-être aussi prend-il de l'âge, ⎫
Mais, voyez (il se redresse et remue le bras), je ne vieillis pas; ⎬ (bis.)
Non, non, non, je ne vieillis pas. (quater.)

(*Parlé.*) Je n'en ai pas, de dextérité?... Je m'en prive...
Non, je n'en ai pas... Le plus souvent que j'en aurai. (*Il se
met en garde et fait avec son fleuret tous les mouvements
qu'il indique.*) Parez tierce, parez quarte; flouconnade; un,
deux; fendez-vous, un, deux, à fond. C'est ça! Parez demi-
cercle, parez quarte, à vous, à moi la paille de fer; parez, parez, un, deux. (*Il se fend sans réflexion.*) Aïe, aïe, aïe, ma
jambe, coquine de jambe! (*Il frotte sa jambe.*) Aïe, aïe, aïe,
mon bras! (*Il frotte son bras et sa cuisse alternativement,
restant toujours en garde.*) Clampins que vous êtes!... (*Il se
relève avec peine.*) Ce n'est pas plus difficile que ça... Et ces
maudits élèves me quittent... ils prétendent que je suis vieux.
(*Il se frotte le bras.*)

Moi, vieux? Je suis plus ingambe qu'à vingt ans... Il me semble que, si je m'en donnais la peine, je franchirais d'un bond l'Arc-de-Triomphe... Je ne veux pas l'essayer... à cause de l'exemple... d'autres pourraient le tenter et se casser le cou... Mais, oui, je le franchirais. (*Il fait un bond, avec effort, de deux ou trois pouces de haut.*) Aïe, aïe, aïe, clampine de jambe! (*Il tape sur sa cuisse.*) C'est tout de même un doux souvenir, le bivouac, le champ de bataille! (*D'un ton grotesquement majestueux.*) Ce sont les roses de la gloire... Elles ont bien leurs épines aussi; mais la gloire! douce souvenance que... aïe, aïe, aïe, aïe!... tout le monde l'envie, j'en suis sûr... pas vrai? (*Ces dernières paroles sont adressées au public.*)

Je donnais des leçons de pointe,
De bancal et de contre-pointe ;
Mais, hélas! depuis quinze jours,
Pas un seul élève à mon cours!
Ils m'ont quitté. Je fus trop flasque!
Loin d'accrocher fleuret et masque,
J'eusse bien mieux fait, au partant,
De jeter sans façon le gant.

L'on dit encor : Pour résister,
Il faut une bonne poitrine :
De la mienne voyez la mine!
Je puis partout la présenter. (Il tousse.)
Si, comme à présent, avec rage,
L'asthme chez moi fait du fracas,
C'est que ma poitrine a de l'âge,
Mais, voyez (*il se redresse et tape sur sa poitrine*) je ne vieillis pas; (bis.)
Non, non, non, je ne vieillis pas. (*quater.*)

(*Parlé. — Il a encore une quinte de toux.*) Rassurez-vous,
ce n'est rien... Faites-moi passer un morceau de réglisse... un
tout petit morceau, et ça va se calmer... J'y suis presque habitué, bien que cette toux me prenne rarement, vingt ou trente
fois par jour, tout au plus... quelquefois quarante, mais c'est
pas journellement... Oh! non, à peine six fois par semaine.

La nuit, c'est différent, je suis plus tranquille..... une fois
seulement.... pas davantage.... depuis que je me couche jusqu'au jour.... quand je me lève... C'est encore un doux souvenir, une Rose... une Rose pompon... et je la pomponne,
celle-là.... C'était en Afrique, à Guelma.... une négresse.... En
ai-je passé des nuits à la belle étoile pour Fatma, mon étoile...
pas brillante comme les autres... mais aussi... sufficit... pas
d'indiscrétion... Suis-je-t'y jacasse... je m'amuse, je m'amuse
à jacasser... et je m'oublie... Oh! ma poitrine n'est pas
bonne!... Allons, en garde! C'est ça, seulement ma jambe gauche un peu plus tendue. (*Il la tend.*) Aïe, aïe. (*Il se remet.*)
Impossible, elle ne veut pas. (*Tapant sur sa cuisse.*) Capri-
cieuse, va... Ne faites pas attention, allez toujours (*il tousse*);
saluez. (*Il fait tout ce qu'il indique.*) C'est pas gracieux,
voyez, moi... (*Il salue.*) Fendez-vous, rompez, rompez, parez
tierce. (*Il tousse.*)... C'est ça... Rompez, fendez-vous... C'est
bien... Votre cachet... Est-ce fort, l'habitude!... J'oubliais que
je n'ai plus d'élèves.

Je donnais des leçons de pointe,
De bancal et de contre-pointe;
Mais, hélas! depuis quinze jours,
Pas un seul élève à mon cours!
Ils m'ont quitté. Je fus trop flasque!
Loin d'accrocher fleuret et masque,
J'eusse bien mieux fait, au partant,
De jeter sans façon le gant.

LE VIEUX MAITRE D'ARMES

Musique de M. ANCESSY

Allegretto

Je don - ne des le - çons de

poin-te, De ban - cal et de contre - poin-te; Mais, hé -

- las! de-puis quin-ze jours Pas un seul é-lève à mon

cours. Ils m'ont quit-té, je fus trop flasque, Loin d'accro -

- cher fleuret et mas-que J'eusse bien mieux fait en par

- tant De je — ter sans fa — çon le gant.

On me dit: vous ê - tes trop vieux Pour don -

- ner des le-çons d'es — cri-me Je sou - tiens que c'est u-ne

fri-me, Car je me sens très vi-gou - reux, Si par -

- fois mes jam-bes fai - blissent Et m'en-traî-nent dans un faux

pas. Ce sont mes jam-bes qui vieil - lis-sent, Mais, voy-

Cresc.

- ez, je ne vieillis pas; Ce sont mes jam-bes qui vieil-

- lis — sent, Mais, voy - — ez, je ne vieil - lis

pas, Non, non, non, je ne vieillis pas, Non, non, non, je ne vieillis

pas, Non, non, non, je ne vieil - lis

pas, Non, non, non, je ne vieil - lis pas.

LES DINERS DE LA HALLE

Préciser l'époque de l'introduction du diner de la Halle est chose, sinon impossible, du moins très-difficile.

Dès le moyen âge, les gueux et les truands se multiplient avec une rapidité prodigieuse, et l'industrie gueusanière et truandesque prend des proportions telles qu'elle fait de la mendicité une véritable profession, ayant ses règles à elle, son savoir-faire, sa science.

Nombreux, très-nombreux, les mendiants de Paris forment plusieurs catégories : les uns, plus savants dans l'art de soutirer l'aumône, se tiennent aux portes des églises, stimulant toutes les infirmités, revêtant toutes les hypocrisies susceptibles de tourner à leur profit la pitié générale; d'autres s'installent dans les lieux les plus fréquentés, les places, les marchés, à l'entrée des lieux publics, et, là aussi, estropiés ou couverts de plaies, le matin ils recueillent de quoi passer une partie de la nuit dans la dégoûtante orgie, laissant à la porte de leurs taudis et plaies et difformités.

D'autres, enfin, moins adroits, ne s'éloignent jamais des halles et des marchés, où ils récoltent, avec la petite pièce de monnaie, le morceau de pain ou de viande qu'ils dévorent avec une feinte voracité, dans le but d'intéresser encore davantage l'âme compatissante et généreuse.

Jusque-là les truands et les gueux prenaient leurs repas dans ces lieux, si toutefois on peut appeler repas le morceau de pain de l'aumône, mangé en plein soleil.

De leur côté, les maraîchers, les marchands de beurre, d'œufs, les marchands, enfin, de toutes les provisions alimentaires, arrivant d'une très-petite distance, — car les boulevards de Paris étaient alors très-rapprochés, — avaient l'habitude d'apporter des provisions culinaires, qu'ils consommaient pendant l'opération de la vente. Rarement entraient-ils, pour prendre leurs repas, chez les marchands de vin, dont le nombre était bien restreint; plus rarement encore, à moins qu'ils n'eussent à passer la nuit, descendaient-ils dans une auberge. Leurs montures elles-mêmes n'y étaient point remisées; généralement elles étaient attachées à des poteaux placés aux alentour des halles ou marchés, et restaient là jusqu'à ce que les marchands vinssent les chevaucher pour rentrer dans leur domicile habituel; à peine le plus petit nombre de ces animaux était-il remisé dans des écuries *ad hoc*, où l'on payait deux sous par tête.

Cet état de choses dura jusqu'à la fin du XVIe siècle. Les efforts de Sully, développant l'agriculture, donnent à la campagne un bien-être inconnu jusqu'alors. Ce bien-être excite l'émulation de la ville, qui vient demander, elle aussi, le sien à l'industrie et au commerce, de même que le paysan l'a demandé à l'agriculture.

Sous Louis XIII, un nommé *Simon Jollivet* fait griller ou bouillir de la viande pour les jours gras, et prépare des légumes pour les jours maigres, qu'il vient offrir par portions, aussi bien aux pourvoyeurs étrangers qu'aux revendeurs. Cette innovation ne fut guère goûtée d'abord; néanmoins Jollivet persista, et, insensiblement, l'étranger cessa d'apporter ses provisions culinaires, se reposant sur Jollivet, et le marchand sédentaire, dont l'habitation était éloignée du lieu de son commerce, trouva plus convenable à ses intérêts de dîner sur place, que de s'absenter pendant un long espace de temps pour prendre ses repas.

Voilà pour l'introduction; venons à ce qui se pratique plus tard. Plusieurs *fricotteurs* sont établis en plein vent, aux abords de la fontaine des Innocents, et là, entourés de réchauds supportant des marmites où cuit la soupe aux choux, ou de poêles où frient la saucisse, le boudin ou le gras-double, ils servent à la portion. D'autres promènent leur grande cafetière, et café et portion quelconques se payent un sou, pas davantage. Ils servent ainsi journellement, outre une partie des marchands qu'ils vont visiter à leurs étaux, un grand nombre de ces pauvres malheureux dont le chiffre est élevé à Paris.

De nos jours tout le monde a pu les voir, les uns attablés, les autres prenant leur repas, l'assiette placée sur un tabouret. Combien d'indigentes mères ne rencontrait-on pas aussi dans ce restaurant des *Pieds humides*, — c'était ainsi qu'on désignait cette cuisine; — combien de pauvres mères n'y rencontrait-on pas entourées de leurs petits enfants !

Nous ne pouvons pas terminer cet article sans dire un mot à la louange de M. Champion, surnommé le *Pètit Homme au manteau bleu,* qui venait, chaque matin, faire faire une large distribution de soupe, et souvent de souliers et de hardes, contre la vieille défroque, qu'il faisait soigneusement remporter, pour éviter que les vicieux, reprenant leurs anciennes nippes, ne vinssent vendre les neuves et en porter le produit chez le marchand de vin.

LE DINER A LA HALLE*

AIR NOUVEAU DE M. ANCESSY

Musique à la suite

M'en suis-je t'y donc donné
Dis, Guguste, à mon dîné!
Vois donc ma panse élargie,
Ma frimousse réjouie,
Il m'en a coûté dix sous :
Mais aussi que de fricasse !
J'ai mangé la soupe grasse,
Saucisse, gras-double, choux,
Avec une grosse pomme,
Puis demi-livre de pain,
Et le fin verre de vin;
Et le café, le rogome,
A tel point, mon cher, qu'en somme
Je me trouve mieux lesté
Qu'une grosse majesté.
C'est ainsi qu'on se régale
A ces repas de la halle;
On y dîne mieux, ma foi,
Que n'a jamais dîné roi,
  Oi, oi, oi, oi, oi, oi,
Que n'a jamais dîné roi!

* Réserve expresse du droit de traduction

(*Parlé.*) C'est chouette, ces repas. D'abord, le grand air...
ça donne de l'appétit, et il en vient de tout côté... il en vient...
de l'air, j'entends... l'appétit, on en a toujours... même après
avoir dîné... Entrée libre comme au café-chantant... On ne
paye que le consommé... et puis, c'est pas une dégoûtation
d'odeur de graillon... pouah!... comme chez les gargotiers en
général, et chez le père... en particulier... tu sais le père...
de la rue Beaubourg, ci-devant Transnonain... C'est tout de
même un bon enfant, pas licheur... il fait l'œil... pas à moi, par
exemple... j'ai pas de crédit... J'ai beau demander... refus
complet... pas de chance! Oh! le grand air! j'en raffole... le
jour, quand il fait beau, pas la nuit (*il soupire*); et dire que
je les passe, ces coquines de nuits, à cahuter dans la rue... à
la belle étoile... et, bien vrai, je ne leur trouve rien de beau,
aux étoiles... Qu'on les vante tant qu'on voudra... qu'on les
appelle belles... chacun son goût; pour moi, je préférerais
passer mes nuits dans une chambre bien fermée... sans les
voir du tout... mais du tout, du tout, plutôt que de les considérer depuis le coucher jusqu'au lever du soleil... C'est pas
chouette d'être sans garni... Faut que je me corrige de ma
gueulardise... Je suis comme toi, je ne pense qu'à ma bouche·

M'en suis-je t'y donc donné, etc.

(*Parlé.*) Tu sais mame Fritenlair, la grosse, qu'a toujours
les yeux chassieux et le poil carotte! Faut pas aller là... ses
tables sont pas d'aplomb... l'assiette penche et le bouillon file...
elle floue... Faut aller chez la mère Chouchou... elle a des ta-
bourets... là, oui, l'assiette s'enfonce carrément... et *razibus*...
pas une goutte de bouillon flibusté... C'est que le bouillon fait
l'homme... Et le vin... Dieu de Dieu! le vin! j'en boirais-t'y!
j'en boirais-t'y! Pourquoi que le bon Dieu n'a pas fait des fontaines de vin? au lieu de cette eau qui vous pelote votre pauvre cœur, pouah!... Et des fontaines de goutte aussi... la goutte!
heuffff, heuffff!!! (*Il fait le mouvement d'avaler*) et du café

encore... c'est ça qui serait rigolo... des fontaines de café, surtout s'il était aussi bon que celui de mame Martinique... à un
sou la tasse, tout sucré... pas cher... Aussi, c'est pas la consé-
quence du prix qui fait que je m'en prive... c'est parce que
j'ai pas toujours un sou dans ma filoche... comme aujour-
d'hui... plus rien... J'en avais dix... et tout y a passé... tout
pour un seul dîner... un seul... quel gueulard!

    M'en suis-je t'y donc donné, etc.

(*Parlé.*) Dis donc, faut prendre la saucisse à la mère Boudin, les morceaux sont *rupins*... y a plus à *boulotter*, et le
gras-double à la mère Génisse, c'est pas de la *carne* comme celui du père Brulard, et puis c'est pas si rissolé... Il rissole, il
rissole, ce père Brulard, qu'on dirait du cuir tanné, son gras-
double... Et puis, il prend du tabac, et *renifle, renifle* tant et
si souvent que... la roupie... tu comprends... ça tombe... et
quand on l'attrape... J'aime pas le tabac en friture, moi... et
toi?... chacun son goût... mais je ne l'aime pas... Pour le cigare, c'est autre chose... un bon cigare d'un sou... de la ré-
gie... que c'est bon... ça, oui... c'est *ragoûtant*... Et dire que
le gouvernement ne les fait payer qu'un sou... faut vouloir se
ruiner... j'en fumerais bien un... mais pas de quibus... j'ai été
trop *gueulard*... j'écoute trop ma *gargoine*... As-tu un sou à
me prêter?... Tiens, tu es donc comme moi... à sec... *coquine*
d'argent! Ah! si tant seulement j'avais la caisse de Rothschild...
j'en fumerais cinq par jour... puis, pour ma nuit, j'aurais un
bon cabinet de douze francs... et je dépenserais quinze sous
pour chaque repas... Tu ris... oui, quinze sous! Oh! je ferais
bien les choses... pas un liard de moins... Dieu de Dieu!
comme je m'en donnerais par le coco.

    M'en suis-je t'y donc donné, etc.

LE DINÉ A LA HALLE

Musique de M. ANCESSY

M'en suis - je t'y donc don -
- ré, Dis. Gu - guste, à mon dî — né, Vois donc
ma pans' é - lar - gi - e Ma fri - mous-se ré - jou-
- i - e, Il m'en a coû - té dix sous, Mais aus-
- si, que de fri - cas-se, J'ai man - gé la sou-pe
gras-se. Sau-cis - se, gras-dou-ble, choux, A - vec
u - ne gros-se pom - me, Puis de - mi - li - vre de

pain, Et le fin ver - re de vin, Et le

ca - fé, le ro - - go - me, A tel

point, mon cher, qu'en som - me, Je me trou - ve mieux les -

- té Qu'une gros - se ma - jes - té; C'est ain -

- si qu'on se ré - ga - le, A ces re - pas de la

hal - le; On y dî - ne mieux, ma foi, Que n'a -

ja - mais dî - né Roi oi oi oi oi oi

oi, Que n'a ja - mais dî - né Roi.

FOX

———

AIR : *Soir et matin sur la fougère.*

Veuve d'un sergent de la vieille
Que le ciel vient de rappeler,
Il m'a laissée et pauvre et vieille
Avec Fox pour me consoler.
Je n'ai que Fox sur cette terre;
Pour lui l'on m'impose cinq francs:
Mais où les prendre, sainte mère?
Adieu l'ami de mes vieux ans.

Que la terre te soit légère!
Du haut des cieux, mon cher époux,
Toi qui vois ma grande misère,
Obtiens pour nous un sort plus doux.
Dans ma position cruelle,
Jamais je n'aurai les cinq francs
Pour te garder, mon chien fidèle:
Adieu l'ami de mes vieux ans.

Ma fortune, mauvaise ou bonne,
Fox l'accepte de bon aloi;

Ne craignez pas qu'il m'abandonne
Quand l'indigence entre chez moi.
Aussi dévoué que fidèle!
Mais où prendrai-je les cinq francs
Pour racheter sa personnelle?
Adieu l'ami de mes vieux ans.

Combien de jours dans la semaine
Passés entiers sans un croûton!
Fox semble partager ma peine,
Comprendre ma position;
Comme il redouble de caresses!
Le fisc est sourd; il faut cinq francs.
Je le perdrai faute d'espèces.
Adieu l'ami de mes vieux ans.

Dans ma mansarde où vent et neige
Pénètrent si facilement,
Peu couverte, le froid m'assiége;
Sans Fox, il glacerait mon sang.
Il me réchauffe sur ma couche,
Et je n'aurai jamais cinq francs!
Messieurs du fisc, rien ne vous touche :
Adieu l'ami de mes vieux ans.

Et de toi, qu'est-ce qu'on va faire?
Dieux! quel sort te réserve-t-on?
Grâce, monsieur le commissaire:
Épargnez-le, Fox est si bon!

4

Sainte Vierge, je vous en prie,
Oh ! faites-moi trouver cinq francs !
Bourreaux, épargnez-lui la vie !
Adieu l'ami de mes vieux ans.

LA PERSONNELLE

—

AIR : *C'est le sultan Saladin.*

Non de nom, de nom d'un chien !
Que l'on me respecte, ou bien
L'on apprendra si je raille !
L'on va m'astreindre à la taille,
Je ne suis plus un vaurien.
     C'est bien,
     Fort bien.
Place au nouveau citoyen !
Moi, je verse dans l'escarcelle
    Ma personnelle.

Arrière, monsieur le chat !
Fi du prolétariat !
On n'affranchit de la taille
Que le manant, la canaille,
Et vous ne la payez pas.
     A bas !
     A bas !
Plus loin prenez vos ébats ;
Moi, je verse dans l'escarcelle
    Ma personnelle.

Que l'on mette mon couvert;
A moi rôtis, mets, dessert,
Je ne veux plus, c'est minable,
Ronger des os sous la table;
Vite et gigots et dindons,
    Allons,
    Allons,
Qu'on serve chaud, dépêchons!
Moi, je verse dans l'escarcelle
    Ma personnelle.

Place au foyer, promptement,
Voyons que je prenne rang;
Vite un fauteuil, pas de chaise!
Que je me carre à mon aise
Sur des coussins bien moelleux!
    Je veux,
    Je veux
Que l'on fasse de bons feux.
Moi, je verse dans l'escarcelle
    Ma personnelle.

Vous murmurez, je vois bien;
Tout bas, vous m'appelez *chien.*
C'est bien oser, dites, Claire?
C'est très-mal, la prolétaire!
Servez qui vaut mieux que vous,
    Que vous,
    Que vous,

Qui ne payez pas deux sous;
Moi, je verse dans l'escarcelle
    Ma personnelle.

A la paille, me dit-on.
— Monsieur, est-ce pour de bon?
Vous m'envoyez à la paille
Quand je vais solder la taille,
Vous le savez comme moi.
    A moi,
    A moi,
De bons matelas, ma foi;
Moi, je verse dans l'escarcelle
    Ma personnelle.

———

FIDÈLE

ou

LE CHIEN VOLÉ

CHANSONNETTE

AIR NOUVEAU DE M. ANCESSY

Musique à la suite.

Fidèle! Fidèle!
Viens, mon bon chien, mon doux ami;
C'est ta maîtresse qui t'appelle,
Entends ma voix, je suis ici;
Fidèle! Fidèle!
Mon bien-aimé, griffon chéri,
Viens, mon Loulou, je suis ici.

J'ai perdu, triste infortunée,
Mon chien, tendre ami de mon cœur;
A chaque instant de la journée
Je l'appelle dans ma douleur.
On me l'a volé: pauvre bête!
Il m'aimait tant! il me regrette;
Oh! comme il doit souffrir, ma foi!
Quel vide il laisse autour de moi!

(*Parlé.*) Oh! oui, qu'il doit souffrir!.., pauvre amour de
chien! privé de sa maîtresse... il s'est déjà laissé peut-être

mourir... de *consommation!* (*Elle soupire.*) Dieu du bon
Dieu, si c'était vrai! (*Elle pleure.*) Oh! oui, qu'il est mort
de *consommation...* et je vis encore, lâche que je suis! et je
supporte l'existence (*En sanglotant*), quand il s'est laissé périr
d'amour pour moi... ingrate que je suis!... et je vis encore!...
(*Avec une exaltation croissante.*) Oui, je la supporterai, la
vie! mais pour te venger, pour punir le traître qui a séparé
deux cœurs si unis! Je veux l'agonir de sottises à ce rien du
tout, à ce pas grand'chose. Je porterai plainte au commissaire,
au sergent de ville, à la garde, à tout le monde!... (*Après
une pause, d'un ton calme.*) Ils aiment les chiens, MM. les
commissaires... ils en ont... on le dit, du moins. Monsieur
le commissaire, que je lui dirai, vous avez un chien... Suffit...
Je poursuivrai ma vengeance (*S'animant par gradation*) jusqu'à l'échafaud... C'est trop *douce* l'échafaud; faut que je
boive de son sang... jusqu'à la lie... que je m'en *repusse*, de
son sang (*Elle pleure*), comme il se repaît de mes larmes, ce
pas grand'chose du tout. (*S'animant.*) Oh! oui, la vengeance!
la vengeance! et puis j'irai te rejoindre, mon cher Loulou;
moi aussi; je me laisserai mourir de *consommation*, avec un
réchaud, dans ma chambre calfeutrée, allumé.

Fidèle! Fidèle!
Viens, mon bon chien, mon doux ami;
C'est ta maîtresse qui t'appelle,
Entends ma voix, je suis ici;
Fidèle! Fidèle!
Mon bien-aimé, griffon chéri,
Viens, mon Loulou, je suis ici.

Les regrets auxquels je me livre
Se renouvelleraient toujours,

Pour mon repos je veux te suivre,
Tendre ami, mes seules amours!
Tout est triste dans ma mansarde.
Pour te venger, je le retarde,
L'instant qui doit nous réunir,
Fidèle, mon doux souvenir!

(*Parlé.*) Là, il venait baiser maîtresse... là, il mangeait sa pàtée (*Elle indique les lieux de son doigt*); là, son petit gâteau; ici, son biscuit ; là, son lait, et il les mangeait avec une délicatesse, une grâce... (*Elle l'imite.*) Gnac, gnac, gnac, gnac; il était si gentil... quand il avalait, surtout!... Oh! il n'était pas goulu... A peine faisait-il dix repas par jour... et voilà tout. Pas gourmand non plus..., par exemple, il n'aimait pas le bœuf, mais les gâteaux, les biscuits, le sucre, il ne refusait rien... Le mouton?... c'était différent... il ne pouvait pas le souffrir... Pauvre amour! combien de fois je n'ai dîné que de pain sec pour qu'il eût son content de petits gâteaux!... Quel bonheur de le voir ainsi les croquer... (*Soupirant*). Pauvre ami! voilà son coussin...! Oh! je ne lui permettais pas de coucher sur mon lit... pendant le jour; la nuit, c'était différent, il me réchauffait... Mais, le jour, on aurait jasé... Mame Pichon et la mère Chipelard n'auraient pas manqué de dire : « Mame Cachotin par ci, mame Cachotin par là,... mame Cachotin met son Loulou dans son lit ; » et vous comprenez... C'est pas très-agréable... on a des mœurs... Pauvre Fidèle, on l'aurait agoni... et à moi aussi... Elles sont si cachottières. (*Elle pleure.*) Elles l'auraient aplati, ce cher Loulou... lui si sage... si propre... Mais propre... au point qu'il ne faisait pas ses... comme tant d'autres, sur le palier... Fi donc!... toujours au beau milieu de la chambre,... il faisait... histoire de m'en faire apercevoir... et, alors, vous comprenez... j'étais là... Il était si propre, mon Loulou!... Et dire qu'on me l'a chipoé...

Et la justice ne s'est pas encore émouvée d'un si grand crime!...
Oh!... s'il ne m'est pas rendu, gn'y a plus de sûreté pour
personne!

> Fidèle! Fidèle!
> Viens, mon bon chien, mon doux ami,
> C'est ta maîtresse qui t'appelle;
> Entends ma voix, je suis ici;
> Fidèle! Fidèle!
> Mon bien-aimé, griffon chéri,
> Viens, mon Loulou, je suis ici.

> Exempt de défauts et de vices,
> Dans ses mille jeux répétés,
> Il suivait ses moindres caprices,
> Beaucoup mieux que mes volontés;
> Galant auprès de chaque chienne,
> Surtout pour celle de Bastienne,
> Combien de fois dès le matin
> Il partit jusqu'au lendemain!

(*Souriant.*) Petit polisson... C'était son faible... C'est pas
un mal, d'ailleurs... Faut bien croître et multiplier, puisque le
Catéchis le dit... C'est comme les hommes, ça... Y a les sournois et les pas sournois... J'aime les boute-en-train, moi...
Vivent les gaillards, les bons gaillards!... Dieu du bon Dieu!
dans ma jeunesse... avec le père Laricot, ce vieux *caco-
chirme* de maintenant... Fallait le voir dans son printemps,
comme il vous faisait sauter les jeunesses... (*Elle soupire.*)
Et moi aussi... et le père Ardent... quel déluré!... (*Elle sourit.*)
Et ce premier soir..... à la brune..... je traversais le bosquet.....

Chut! chut! taisez-vous, mame Cachotin... les secrets de fille!... c'est secret, comme les secrets d'épouse. (*Elle soupire.*) Et dire que je n'ai pas plus épousé le père Ardent que le père Laricot; ces gueux d'hommes! ça promet toujours, mais brrrrrrt... autant en emporte le vent... Puis vint Cachotin, mon mari... Je me méfiai... Dame! j'étais payée pour ça..... Et me voilà mame veuve Cachotin. (*Elle pleure.*) Et dire qu'on me l'a volé..... que je ne le verrai plus..... ce cher Loulou! Y a de quoi *s'asphissier*... O la justice! la justice!... avec du charbon dans un réchaud... O la justice! la justice!... C'est affreux... la vie sans mon Loulou.

Fidèle! Fidèle!
Viens, mon bon chien, mon doux ami,
C'est ta maîtresse qui t'appelle;
Entends ma voix, je suis ici;
Fidèle! Fidèle!
Mon bien-aimé, griffon chéri,
Viens, mon Loulou, je suis ici.

FIDÈLE

Musique de M. ANCESSY

Fi - dè - le, Fi - dè - le,

Viens mon bon chien, mon doux a - mi.

C'est ta maî - tres - se qui t'ap - pel -

- le. En-tends ma voix, je suis i - ci; Fi -

- dè - le, Fi - dè - le, Mon bien ai-

- mé grif - fon ché - ri, Viens, mon lou-

- lou, je suis i - ci.

J'ai   per — du   triste in - for - tu - né -

- e Mon   chien tendre a - mi   de   mon   cœur

A chaque ins - tant   de la jour - né - e   Je l'ap-

- pel - le   dans ma dou - leur   On   me l'a vo - lé

pau-vre bê - te   Il   m'ai-mait tant   il me re-

-gret - te   Oh! comme il   doit souf - frir   ma   foi

Quel   vide il   lais - se   au—tour de   moi?

LE TONDEUR DE CHIENS

AIR NOUVEAU DE M. LÉON PEUCHOT

Musique à la suite.

Adroit, actif, parmi tous très-habile,
Lorsqu'il s'agit d'opérer chat ou chien
De mes rivaux je ne redoute rien.
Sur le Pont-Neuf, lieu de mon domicile,
Je suis toujours, sauf quand je va-t-en ville,
Prenant, hélas! le temps comme il me vient,
Triste pour moi, depuis que ce vaurien
De Cupidon me rend sot, imbécile.

    Aujourd'hui, quoique j'entasse
    Des profits assez nombreux,
    Je suis ennuyé, morace :
    Je me sens si malheureux!
      Depuis près d'une année,
      En passant sur le pont,
      Un matin, Cupidon,
      De sa flèche empennée,
      M'a lancé, sans façon,
      Un terrible lardon.

(*Parlé.*) Quand je dis Cupidon, c'est manière de parler...
c'est une jeunesse... que je veux dire... une toute jeunesse...

5

Faut que je vous conte ça... en famille... y a pas d'indiscrets ici?... y a pas de jaboteurs pour me gouailler?... y en a pas?... Què'que vous dites?... Alors c'est bon, je narre... je tenais-t-un chien... un petit chien-loup, joli comme un chérubin... et féroce!... Y mordait, y mordait, le rageux, mes mains, mes bras, mes cuisses... C'est égal, je le tondais tout de même... C'est pas douillet, les tondeurs,... de chien,... V'là donc que pendant que j'étais-t-en train de tonsurer mon criquet, je lève la tête... c'est une distraction qu'on se donne... au Pont-Neuf surtout où y passe tant de *populo*... V'là donc que je lève les yeux, et je vois devant moi... une tête coiffée d'un fichu en casaquin de nuit... un amour d'adolescente de trente-cinq à trente-six ans... sa figure d'ange est embellie par la fine marque de rousseur... et des cheveux!... des cheveux!... arrière, castonnade et carotte... arrière, cachez-vous... leur rousseur vous éclipse... Je raffole des cheveux carotte... rien que pour en voir, je ferais dix lieues... Oh! oh!... que je m'écrie d'étonnement, de surprise et d'amour, tout à la fois... Oh! oui, d'amour... et, par mégarde, je fiche un coup de ciseaux à mon roquet, qui se fâche et me mord... pas d'amour, par exemple... de rage... je l'avais pincé... et Cupidon aussi m'avait pincé... j'étais-t-enrôlé à son service... coquine d'amour... Mon cœur battait, y battait... et le criquet mordait, y mordait... J'en étais tout hébété... hélas! si hébété que je laissai s'éclipser ma belle brune aux cheveux carotte... (*Il soupire.*) Elle disparut.

Adroit, actif, parmi tous très-habile,
Lorsqu'il s'agit d'opérer chat ou chien,
De mes rivaux je ne redoute rien.
Sur le Pont-Neuf, lieu de mon domicile,
Je suis toujours, sauf quand je va-t-en ville,
Prenant, hélas! le temps comme il me vient,

Triste pour moi, depuis que ce vaurien
De Cupidon me rend sot, imbécile.

Le jour et la nuit, sans cesse,
Je les voyais, par mon cœur,
Ces cheveux nattés en tresse,
Dans leur suave rousseur.
  Hélas! chaque journée
  Se passait dans l'espoir
  Si doux de la revoir.
  Mon âme infortunée
  Brûlait comme un tison
  Aux feux de Cupidon.

(*Parlé.*) Le traître! il m'a blousé, ahuri... emberlificoté,
uoi... Et dire que depuis un mois seulement je l'ai retrou-
ée... Ma belle chevelure carotte... hélas! (*Il soupire*) pour
ion plus grand malheur, encore... j'étais-t-heureux avant,
omparativement à ce que je suis maintenant... (*Il soupire*)
haque fichu coiffé d'une tête... Ah! non, je me trompe...
amour me brouille la cervelle... Chaque tête coiffée d'un
chu... chaque chignon carotte qui s'acheminait vers moi...
était une émotion... C'est elle! que je me disais... et, tac, tac,
ic, tac, tac, mon cœur... oh! y battait, y battait... puis... le
chu, c'était pas elle... le chignon carotte, pas elle encore...
ais, c'est égal, j'avais le lendemain pour moi... j'avais l'es-
oir... tandis qu'aujourd'hui y ne me reste que des larmes.
l pleure et s'essuie les yeux avec son bras.) C'est pas ra-
oûtant, des larmes... tout de même; ça me prend et je
eure... je pleure aussi facilement que j'avalais un verre de
n, deux, trois, quatre... cinq verres de vin, et même davan-

tage... autrefois... pas aujourd'hui, je suis dans le deuil et mon gosier aussi... je ne *soiffe* plus...

V'là donc qu'y a un mois, j'étais là à ma place... je tondais-t-un caniche... Y faisait un vent... un vent... à arracher le poil de ce pauvre chien... parole d'honneur... je suis pas *supérititieux*, mais je redoute le vent, ça porte malheur... J'en avais partout, du poil du caniche..... ça volait autour de moi, comme un *tourbillion*... y m'offusquait... quand tout à coup, je vois à travers le poil... le fichu, d'abord, le fichu en question... puis le chignon carotte... puis des points de rousseur embellissant une figure... c'était elle!... Je me lève... je jette au loin mes ciseaux et mon chien... je cours à elle... M'amzelle, que je lui dis, êtes-vous mariée? — Non, qu'elle me répond. — Tant mieux... Fille? — Non. — Quel bonheur! Veuve, alors? — Pas davantage. — Oh! je fis... ni veuve... ni fille... ni femme... vous êtes donc? — Ça ne vous regarde pas... passez votre chemin... et elle file, elle file... comme un chemin de fer... je chauffe aussi, et je la suis... sans dérailler.

Adroit, actif, parmi tous très-habile,
Lorsqu'il s'agit d'opérer chat ou chien,
De mes rivaux je ne redoute rien.
Sur le Pont-Neuf, lieu de mon domicile,
Je suis toujours, sauf quand je va-t-en ville,
Prenant, hélas! le temps comme il me vient,
Triste pour moi; depuis que ce vaurien
De Cupidon me rend sot, imbécile.

Ni femme, ni fille, ni veuve!
Je me disais, chemin faisant :
La chose est, ma foi, toute neuve,
Et le cas très-embarrassant.

Ce doit être, sans doute,
La mère des amours.....
Et je la suis toujours;
Enfin, coûte que coûte,
Bientôt je m'enhardis :
Belle fleur, je lui dis :

(*Parlé*.) Qué que vous êtes donc? si vous n'êtes ni fille... ni
fem... —Fichez-moi la paix ou je vous *tarrabuste*, qu'elle me
répond, levant sa main en guise de me flanquer une taloche...
— Frappez, mada... m'amzel... enfin, vous... frappez! que j'aie
un souvenir de votre main... car, voyez-vous, je soupire... sur
le Pont-Neuf... depuis... que mon cœur... et je ne pouvais pas
en dire davantage... j'étais-t-oppressé... Enfin je retrouve ma
langue... Voyez-vous, que je lui dis... mais elle ne m'écoutait
plus... elle était déjà à vingt pas de moi... je la suis toujours...
« Allez-vous-en, ou j'appelle la garde, » qu'elle me fait...
Fichtre, la garde!... c'est égal, et je prends ce ton calin, celui
qui me sert pour amadouer les chiens farouches... c'est égal,
beauté sévère, je ne vous en aime que davantage... c'est pour
le bon motif, ce que je vous en dis... et toutes les gardes du
monde ne me feront pas lâcher prise... je vous tiens... vous
m'avez tapé sur la *coloquinte*, vous ne m'échapperez plus
comme l'autre fois... Je veux plus mourir de *consommation*...
c'est pas pour des prunes que j'ai planté là ciseaux et chien...
et je la *suivais* toujours... enfin elle arrive rue Mouffetard...
« Mon époux est-il rentré? » qu'elle demande à la concierge...
Oui, madame, qu'elle répond, la concierge... Bigre! que je
fais!... et je m'en retourne plus amoureux que jamais... et
féroce, féroce... je dévorerais son époux... si je le connaissais...
mais je veux pas le connaître, ce *lampion*... je veux pas
le connaître, raison d'éviter un malheur... Et dire encore que
je l'aime... que je ne tonds pas un chien roux sans penser à
ses cheveux carotte... et je soupire... je soupire, comme un

veau, que je suis... et sans espoir, encore; car je ne veux pas faire un adultère... déranger une famille... qui a des enfants, peut-être, fi donc! plutôt me dessécher d'amour... ah! fi! fi!

Adroit, actif, parmi tous très-habile,
Lorsqu'il s'agit d'opérer chat ou chien,
De mes rivaux je ne redoute rien.
Sur le Pont-Neuf, lieu de mon domicile,
Je suis toujours, sauf quand je va-t-en ville,
Prenant, hélas! le temps comme il me vient,
Triste pour moi, depuis que ce vaurien
De Cupidon me rend sot, imbécile.

LE TONDEUR DE CHIENS

Musique de M. PEUCHOT

A-droit, ac - tif et sur-tout très - ha -

- bi - le Lorsqu'il s'a - git d'o-pé-rer chat ou chien De mes n-

- vaux je ne re - dou - te rien; Sur le Pont-

- Neuf j'ai pris mon do - mi - ci - le. J'y suis tou-

- jours; sauf quand je va-t-en vil - le, U - sant, hé -

- las; le temps comme il me vient Bien tris - te -

Rall.

- ment, bien triste — ment de-puis que ce vaurien

De Cu - pi - don me rend sot, im - bé - ci - le,

Me rend sot, me rend sot im - bé - - cil -

- le, Au - jour - d'hui, quoi - que j'en -

- tas - se Des pro - fits as - sez nom - breux, Je

suis en - nu - yé, mo - ra - ce, Je me trou - ve mal - heu -

- reux De - puis près d'une an - né - e.

Un ma - tin Cu - pi - don, En pas - sant sur le

pont, De sa flèche em - pen - né - e

M'a lan - cé sans fa - çon

Un ter-ri-ble lar - don, M'a lan - cé sans fa -

- çon Un ter - ri - ble lar - don,

5

LA POSTICHE

Parmi tous les raffinements pour élever leur chiffre d'affaires, déployés chaque jour par les commerçants, quel que soit leur genre, la vente à l'encan est celui dont les résultats sont les plus sûrs et les plus avantageux.

Réclames, annonces, affiches, vous apprennent que M. tel vend telle chose. Vous le savez, c'est vrai, mais si vous n'en avez un pressant besoin, outre que vous pouvez oublier et l'adresse et la chose elle-même, alors surtout que c'est un objet de luxe ou de fantaisie, il vous faut encore l'aller chercher, vous déplacer, perdre du temps, au risque de trouver parfois sur votre passage, vous rendant au lieu indiqué par la réclame, l'annonce ou l'affiche, l'objet que vous tenez à vous procurer.

Perdre du temps? à moins d'être désœuvré, on y regarde à deux fois.

Comme le déplacement coûte, l'on remet souvent au lendemain, et de lendemain en lendemain une occasion se présente, et l'on se pourvoit ailleurs qu'au lieu annoncé, dès qu'elle offre l'article qui vous est nécessaire.

Aussi, bien qu'annonces, réclames, affiches, aient une efficacité qui peut être contestée dans une extension majeure, il n'en est pas de même de la vente à l'encan.

Ici c'est l'occasion, c'est le démon tentateur qui vous séduit, vous hallucine, vous subjugue.

Vous passez dans une rue quelconque, un homme adroit et doué d'une force de poumons à toute épreuve, vous présente un objet, vous en crie le prix, vous le prône, l'étalant sous vos yeux. Vous hésitez d'abord, même à vous arrêter; la curiosité vous décide, vous restez; il parle, vous l'écoutez; il compare le prix actuel à celui auquel il vendait naguère, à ceux qu'on fait chez un confrère. Loin de lui l'idée de vous tromper; il ne pourrait vous offrir à de pareils prix, qui lui occasionnent de la perte, s'il ne liquidait entièrement, si la fin d'un bail qu'on refuse de renouveler ne le contraignait à vendre coûte que coûte une marchandise sur laquelle il devrait plus tard perdre encore davantage ; toute liquidation entraîne des sacrifices, et lui liquide réellement.

Parmi tant de raisons alléguées en faveur du bon marché qu'on vous offre, l'une ou l'autre vous chatouille : vous entrez, souvent même machinalement, par simple passe-temps ; vous, entrez, et sans avoir eu l'idée d'acheter. L'enchère a lieu, des acheteurs réels ou des compères se disputent un objet, leur empressement vous stimule, vous couvrez une fois, deux fois, trois fois la mise ; l'objet vous reste, et vous rentrez chez vous, votre emplette sous le bras.

Tels étaient les avantages de la vente à l'encan pour le commerçant, et cette industrie avait pris un grand développement.

Ainsi, depuis la Restauration, depuis que les besoins d'une guerre continuelle n'ont plus appelé tous les hommes valides sous les drapeaux, ce mode a joué dans divers commerces des grandes villes, et notamment de la capitale, un rôle aussi important qu'étendu.

Comme toutes les créations ayant pour but de forcer les affaires, la vente à l'enchère avait pris naissance à Paris, peu de temps après la chute de Napoléon.

Depuis l'antiquité la plus reculée jusqu'à nos jours nous ne trouvons rien, avant cette époque, d'analogue à ce raffinement.

Parmi les nombreux expédients de la publicité de tous les âges du monde, aucun, du moins à notre connaissance, ne se rattache si intimement à la vente à l'encan pour que nous puissions le citer comme type auquel la Restauration et le règne mercantile de Louis-Philippe auraient aidé au développement acquis.

Nous prenons donc l'histoire de cette vente à une date bien rapprochée de nous, pour la donner en aperçu seulement.

Mercantile par essence, ingénieux à forcer les affaires, l'Israélite devait être le premier à user de ce moyen ; c'est ce qui arriva dès la Restauration.

Assisté d'un commissaire-priseur, il simula des liquidations forcées, et sur tous les points de la capitale surgirent, dans une courte période, ces théâtres d'exploitation de la crédulité publique, où la vente à la criée s'ouvrait par l'offre de quelques articles bien connus et de peu de valeur, livrés au-dessous du cours, appeau ne manquant jamais son but, au moyen duquel les magasins vidaient leurs vieilleries de toute espèce, placées à de gros bénéfices dans la chaleur de la vente par ces honnêtes industriels.

Paris ainsi exploité, la province ne tarda pas à avoir son tour; les grandes villes virent bientôt arriver des fourgons, des diligences ou autres véhicules de grande dimension, apportant et marchands et marchandises, et furent, comme la capitale, gratifiées d'un genre de commerce dont la scrupuleuse équité éveilla jusqu'à la susceptibilité du gouvernement de Louis-Philippe, de ce même gouvernement toujours porté à favoriser les affaires quand même, et une loi supprima toute vente à l'encan, sauf pour cause de liquidation réelle; encore fallait-il une autorisation si la vente portait sur du neuf.

De cette prohibition naquit la postiche, moyen tentateur, mais plus loyal, car, s'il est vrai qu'elle s'ingénie à attirer l'attention du passant sur telle ou telle boutique, elle étale et met sous les yeux d'un chacun les marchandises qu'elle propose, et les livre ainsi à l'appréciation de l'acheteur, libre d'en discuter froidement le coût.

Écrasés par la concurrence des grands établissements, dont les immenses bénéfices permettent d'atteindre toute espèce de publicité, si coûteuse qu'elle soit, toute introduction du luxe, quelle qu'en soit la dépense, tous les moyens d'attirer sur eux l'attention publique, soit par des réclames sous forme de promenades fantastiques, soit par des concerts attractifs dans les établissements mêmes, etc., etc., en présence surtout de cette facilité humaine à accepter sans contrôle la promesse la plus exagérée, la postiche permet à peine à quelques petits de glaner, tandis que les grands moissonnent.

UNE POSTICHE

Imp. Frick F^{res} Paris

LA POSTICHE

Air : *Amis, venez faire une pause.*

Nous liquidons nos marchandises
Au rabais de trente pour cent;
Venez voir, monsieur le chaland,
Entrez, entrez! point de surprise.
Notre bail va prendre sa fin;
A tout prix on conclut la vente;
L'occasion est excellente,   }
Nous quittons le quinze prochain. } *(bis.)*

Nous livrons à treize et cinquante
Ces pantalons en beau satin ;
Nous-mêmes nous les cotions vingt,
Partout ailleurs on les vend trente.
Admirez donc de ce gilet
La confection, le tissage!
Rien que six francs, pas davantage; } *(bis.)*
Nous quittons le quinze juillet.   }

Les habits, tenez, je les donne;
Je puis, certes, parler ainsi,
Car, pour trente francs, celui-ci,
A qui le veut je l'abandonne.

LES CHAGRINS RIDICULES

AIR NOUVEAU DE M. ANCESSY

Musique à la suite.

De vos plaisirs je suis jaloux,
Votre allégresse m'importune!
Petits enfants, éloignez-vous,
Laissez-moi dans mon infortune.   (*bis.*
Hélas! de mes cruels tourments
Qu'à jamais le ciel vous délivre!
Mon cœur est en proie aux serpents...
Mon chien... se refuse à me suivre.   (*bis.*)

Dans une tour, mourir de faim,
Victime de la barbarie,
De la famille d'Ugolin
Voir ainsi s'éteindre la vie,   (*bis.*)
Hélas! c'est affreux; mais vraiment,
Les maux auxquels mon chien me livre
N'ont-ils rien de plus déchirant?...
Azor... se refuse à me suivre.   (*bis.*)

L'isolement de Robinson,
L'affreux vautour de Prométhée,
Le boa de Laocoon,
Et l'abandon d'Idoménée,   (*bis.*)

Hélas! sont des maux bien cuisants!
Mais ceux qui viennent me poursuivre
Ne sont-ils pas plus déchirants?...
Mon chien... se refuse à me suivre.   (*bis.*)

Sysiphe, Tantale, Ixion,
Les amoureuses Danaïdes,
Le Turc mourant sur un bâton,
L'holocauste des anciens druides,   (*bis.*)
Hélas! seront de la Saint-Jean
Près des maux que le sort me livre...
Mon chien aimé, ce chenapan,
Azor... se refuse à me suivre.   (*bis.*)

LES CHAGRINS RIDICULES

Musique de M. ANCESSY

De vos plai — sirs je suis ja —
— loux, Votre al - lé - gres-se m'im-por — tu — ne, Pe-tits en —
— fants, é - loi-gnez—vous, Lais-sez-moi dans mon in - for —
— tu — ne, Lais—sez-moi dans mon in - for - tu - ne, Hé —
— las de mes cru-els tour-ments Qu'à jamais le ciel vous dé—
— li - vre, Mon cœur est en proie aux ser—
— pents Mon chien se re - fuse à me sui - vre, Mon

chien se re — fuse à me sui — vre

L'OUVRIÈRE GRANDE DAME

Nous tous moralistes, ou qui prétendons l'être, nous blâmons la pauvre fille qui se laisse entraîner ; tous, nous jetons la pierre, à qui ? à elle, à elle seule. Et cependant, ne devrions-nous pas flétrir le vice aussi bien dans ses instruments que dans ses victimes ? Ne serait-il pas temps pour prévenir les effets de stigmatiser les causes ? d'attaquer la corruption dans sa source ? de jeter le blâme aussi bien à la face du corrupteur que de la corrompue ? Mais non, notre égoïste et paresseuse nature ne veut, ni se donner tant de peine que celle de se livrer à la réflexion qui la conduirait à la justice, en frappant de sa méprisante réprobation l'homme aussi bien que la femme, ni s'exposer à se voir soi-même l'objet de cette réprobation.

Je suis loin, bien loin de tolérer même, la jeune fille qui s'oublie, à ce point surtout ; mais le complice, n'a-t-on rien à lui reprocher ? Voyons.

La séduction n'enlace-t-elle pas de ses mille mailles corruptrices la jeune fille, convoitée par tous, depuis l'ouvrier qui travaille côte à côte avec elle, jusqu'à la débauche qui prodigue tous les moyens pour l'entraîner ?

N'est-elle pas circonvenue dans l'atelier, la rue, la fabrique, les champs, le salon, le boudoir ? N'est-elle pas souvent entraînée par la vue de cet étalage journalier du luxe pour lequel elle travaille ? poussée par les privations, le besoin, la misère ? exaltée par ce tableau flatteur si souvent répété d'un avenir ruisselant de bonheur et de félicité ? subjuguée par le sophisme mielleux du vice mercenaire ou de la débauche qui la cajole, l'un et l'autre combattant toutes les objections, aplanissant toutes les difficultés, levant tous les scrupules ? N'est-elle pas, dans les magasins aussi, poursuivie sans relâche, flattée, adulée constamment? Contrainte, par l'assiduité de son travail, d'entendre des serments d'autant plus solennellement répétés qu'on s'est promis d'avance de ne pas les tenir, la jeune fille, confiante parce qu'elle est pure, tributaire de la nature qui ne veut jamais perdre ses droits, qui les réclame si impérativement au jeune âge; encline, comme nous tous, aux faiblesses humaines; poussée par ce besoin d'aimer déjà si entraînant; hallucinée par son entourage, qui alors ne rêve et ne parle que bals, fêtes et plaisirs, et comparant, dans son hallucination, sa position précaire à celle de ses compagnes d'atelier, ses besoins à leur satisfaction, sa misère à leurs jouissances, la jeune fille prend au sérieux des serments si souvent répétés... Hélas! peut-elle résister?

Et résisterait-elle dans cette position! comment échapper à son sort, lorsqu'elle tombe auprès de ceux qui, d'avance, ont escompté sa vertu, ou qui l'escompteront plus tard?...

Pauvre jeune fille!... toi, à Paris, si souvent sans guide, sans appui, loin du toit paternel, que la cruelle nécessité t'a forcée à quitter pour alléger tes parents du fardeau d'une nombreuse famille, trop lourd, hélas! dans leur état de misère!... pauvre jeune fille! toi obligée, dès ce moment, à pourvoir à ta chétive existence!... toi, faible par ton âge, toi, sans expérience, tu finis par succomber!

Tu as résisté en héroïne, tu succombes sous des efforts sans nombre, tu succombes enlacée par toutes les séductions, tu succombes sous le coup de mille roueries que l'expérience elle-même ne saurait éviter.

Tu succombes! et le traître, le lâche, le roué qui t'a trompée, qui a menti à toi, à ses serments, qui a tout mis en usage pour te perdre, n'est pas flétri!..... Et toi, toi, tu es seule blâmée, avilie!..... O préjugé monstrueux que celui qui vomit le blâme sur la seule victime!

Tu succombes! Et qui résisterait? Quelle est l'âme assez forte pour échapper à la fois à l'adulation, au besoin, à la nature, à l'exemple, et souvent aux insinuations d'une plus âgée que soi!...

Tu succombes! et loin de te tendre la main pour te relever, loin de te faire apercevoir le gouffre dans lequel tu vas t'engloutir à tout jamais, le préjugé, oubliant les belles paroles du Christ à ceux qui allaient lapider la femme adultère, te flétrit, et te force ainsi à t'engouffrer de plus en plus dans ce monde à part qui crache le vice par tous ses pores. Car on ne peut vivre seul, isolé; il faut de la compagnie à l'homme... et repoussée, on te force à aller chercher la tienne parmi celles qui veulent bien t'accueillir. O misères de l'humanité! n'est-il pas temps que vous disparaissiez? n'est-il pas temps qu'une appréciation plus digne et plus équitable fasse cesser l'injustice que consacre l'usage? n'est-il pas temps qu'on corrige au lieu de flétrir?... Quand donc le monde sera-t-il assez sage pour se dégager des préjugés qni l'étreignent, et n'écouter que la saine raison!... Alors seulement, alors chacun portera le poids de sa faute.

L'OUVRIÈRE GRANDE DAME

AIR NOUVEAU DE M. ANCESSY

Musique à la suite.

Pourquoi tous ces vains atours?
Vous étiez bien mieux, Rosette,
Sous une simple toilette
Que couverte de velours.
Pourquoi ce chapeau superbe,
Ces rubans à mille nœuds?
Ils parent moins vos cheveux
Que la fleur qui vient dans l'herbe. } (bis.)

De la dame, je vois bien,
Sous votre riche toilette,
Vous imaginez, Rosette,
Avoir l'air et le maintien?
Il faut le ton, les manières :
Ni chapeaux, ni taffetas,
Rose, ne transforment pas
En dames les ouvrières. } (bis.)

Votre air coquet et mutin
Sous la plus modeste indienne,
Ne pensez pas qu'il revienne
Sous la robe de satin?
Dans votre corset pincée,

Au milieu des falbalas,
Vous vous croyez belle ? hélas !
Vous n'êtes que déguisée.   }(bis.)

Dans l'atelier, vous étiez
Bonne et rieuse, Rosette,
Franche, vive, guillerette,
Par votre esprit vous plaisiez ;
Aujourd'hui tout est factice,
Grâces, esprit et beauté ;
Vous perdez votre gaîté
Pour un désir, un caprice.   }(bis)

Afin de vous étourdir
Avec de franches coquettes,
Vous recherchez bals et fêtes,
Courant après le plaisir ;
Vous appelez la tendresse
Dans de coupables amours ;
Vous n'aurez, hélas ! toujours,
Que les regrets qu'elle laisse.   }(bis)

Ah ! rentrez à l'atelier,
Vos compagnes vous demandent,
Rosette, elles vous attendent ;
Elles vont tout oublier.
Là, le travail peut encore
Vous redonner le bonheur,
Et peut-être même un cœur
Qui vous aime et vous honore.   }(bis.)

L'OUVRIÈRE GRANDE DAME

Musique de M. ANCESSY

Allo grazioso.

Pourquoi tous ces vains a-tours? Vous ê-tes bien mieux Ro-set-te, Sous u-ne sim-ple toi-let-te, Que cou-ver-te de ve-lours, Pourquoi? ce cha-peau su-per-be, Ces ru-bans à mil-le nœuds, Ils parent moins vos che-veux, Que la fleur qui vient dans l'her-be, Ils pa-rent moins vos che-veux, Que la

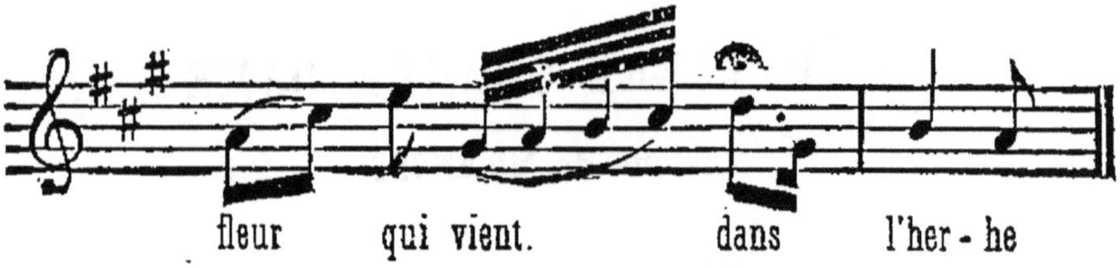
fleur qui vient. dans l'her - he

L'APPRENTI CORDONNIER

D'ordinaire, l'apprenti cordonnier, comme l'apprenti tailleur et tant d'autres apprentis, sont des jeunes gens peu fortunés; le plus grand nombre ayant souffert des mille privations qu'enfante la misère, et tous supportant, dans l'atelier, l'humeur, le caprice, les exigences de leur maître d'apprentissage, de même que ceux des ouvriers qui les entourent.

Avant notre première révolution, celle de 89, à peine un apprenti sur vingt savait-il lire; il n'en est pas de même aujourd'hui; néanmoins, si tous, ou presque tous, ont quelque peu fréquenté les écoles primaires, leur instruction se borne à savoir lire très-imparfaitement.

En moyenne, c'est de douze à quatorze ans que compte l'adolescent lorsqu'il vient à l'atelier demander un état; c'est donc à l'âge où le corps se développe, où l'homme se fait, où le cœur se forme, où les passions fermentent, que l'apprenti, quittant ses camarades d'enfance, vient cohabiter au milieu de gens d'un âge mûr et d'une jeunesse pleine de verve, de désirs et de vie.

De cette position faite à l'apprenti et du relâchement de nos mœurs, il résulte de graves conséquences influant sur l'avenir du jeune adulte.

Nous ne sommes pas de ceux qui prétendent que nous valons moins que nos ancêtres; bien au contraire; la société s'améliore chaque jour, et rien n'est plus facile à prouver *; mais,

---

* Aux détracteurs de notre époque, aux admirateurs du passé, nous dirons « Avez-vous connu des ouvriers ayant fait leur tour de France sous le règne de Louis XV et XVI? » Nous en avons connu, nous, se glorifiant encore, tout vieux qu'ils étaient, de leur orgie de jeunesse, et se donnant avec complaisance les noms de guerre que leur avaient valu ces orgies. C'est ainsi que l'un, cordonnier, s'appelait *Chef-de-Boucan;* un autre, forgeron, *Brûle-Paillasse;* un autre, cordonnier encore, *l'Enfonceur;* et d'autres dont le sobriquet plus significatif est une offense à la morale.

cependant, il est encore des vices sociaux qui s'enracinent par l'habitude, l'usage, la légèreté, et qu'un peu plus de retenue aiderait à chasser complétement dans une courte période donnée, tandis que faudra-t-il encore, peut-être, des siècles pour atteindre à ce degré de perfection morale vers lequel gravite la société.

Par la position qui lui est faite, l'adulte, à l'âge où il commence à éprouver des besoins qu'il n'avait pas encore ressentis, se trouve donc au milieu d'hommes faits. Ce vague qu'il éprouve à mesure que ses forces se développent, cette abondance de vie qui remplit son corps, influent sur son imagination, l'excitent, la préparent à recevoir avec avidité même, tout ce qui a rapport à ce nouvel état d'homme qui va s'ouvrir devant lui.

Pourquoi faut-il que les travailleurs qui l'entourent comprennent si peu sa position, et causent et agissent de même que s'il appartenait, lui, comme eux à la vieille société!

Dans l'atelier, l'un parle avec une enthousiaste satisfaction d'une journée passée à la barrière avec Henriette ou Louise.

L'autre se complaît à décrire un dîner : quelle *bosse ne s'est il pas faite!*

Celui-là raconte pompeusement comment il s'y est pris pour *carotter sa marchande de sommeil,* à Marseille, à Lyon, à Bordeaux.

Celui-ci a *floué son gargotier* partout où il a séjourné quelques mois, et il flouera encore celui de Paris, lorsqu'il quittera cette ville.

Cet autre a plusieurs maîtresses, toutes l'adorent; il fait espérer à chacune qu'il l'épousera, et chacune le choie, le régale; *et lui les enfonce toutes, sans exception.*

Cet autre encore, se pourvoit *à l'œil* chez son cabaretier, auquel il fera *un pouf,* comme il en a l'habitude.

Tel est le langage de l'atelier, raconté, commenté, grossi et embelli.

Et l'atelier accorde au plus grand floueur, au plus intrépide roué, une préférence, une distinction qui le place au-dessus de ses camarades.

Et cela se débite assaisonné de quolibets et de lazzis provoquant le rire général des auditeurs.

L'adulte n'en perd pas un mot : lui aussi va bientôt être homme, lui aussi se promet de passer ses journées à la barrière, de se faire des *bosses*, de *carotter* ses marchands de soupe, de sommeil et de gloria, de *flouer* Anna, Rose ou Janneton, peu importe ; il flouera toutes celles qui voudront bien l'écouter ; il s'amusera coûte que coûte. Sa misère passée, ses souffrances présentes, s'évanouissent en rêvant aux plaisirs qu'il va savourer.

Déjà il fait la cour à une jeune apprentie, déjà il cherche à la tromper. Il veut être, à son tour, un dégourdi, un roué.

Déjà il soupire après l'instant qui terminera son apprentissage, non pour être ouvrier, pour savoir son état ! oh ! non, il n'y a pas même songé.

Il soupire après la première pièce qui lui sera payée pour en aller *ribotter* l'argent.

Telle est encore la position des apprentis de bien des professions.

Et qu'on ne croie pas que l'esquisse que nous en donnons soit fardée ! Elle est vraie, et cependant il y a une grande amélioration depuis vingt ans seulement, laquelle s'est agrandie encore dans une proportion progressive depuis 1848.

G.

L'APPRENTI CORDONNIER

AIR NOUVEAU DE M. F. LLAUNET

Musique à la suite.

Paf, pif, paf, pif, paf, pif, paf,
    Battons la semelle,
    Cousons avec zèle,
    Gnaf, gnaf, gnaf, gnaf, gnaf,
Paf, pif, paf, paf, pif, paf, paf, pif, paf, paf,
    Battons la semelle,
    Cousons avec zèle,
    Paf, pif, paf, paf, pif, paf, gnaf, gnnnafff.

Quand pourrai-je en prendre à mon aise ?
Quand donc, ouvrier à mon tour,
Je ne serai plus sur ma chaise
Collé pendant le long du jour ?
Pauvre apprenti ! dans la semaine,
Bûche, ou gare le tirepied,
Et le dimanche arrive à peine
Pour un apprenti cordonnier.

Paf, pif, paf, pif, paf, pif, paf,
    Battons la semelle,
    Cousons avec zèle,

Gnaf, gnaf, gnaf, gnaf, gnaf,
Paf, pif, paf, paf, pif, paf, paf, pif, paf, paf,
Battons la semelle,
Cousons avez zèle,
Paf, pif, paf, paf, pif, paf, gnaf, gnnnafff.

Ils sont allés à la guinguette,
Et moi je reste seul ici ;
Ah ! si du moins j'avais Rosette,
Mais elle chôme le lundi.
Un an encor, je me rattrape,
Un an, et je suis ouvrier :
J'enfonce alors, tondant la nappe,
Marchand de vin et gargotier.

Paf, pif, paf, pif, paf, pif, paf,
Battons la semelle,
Cousons avec zèle,
Gnaf, gnaf, gnaf, gnaf, gnaf,
Paf, pif, paf, paf, pif, paf, paf, pif, paf, paf,
Battons la semelle,
Cousons avec zèle,
Paf, pif, paf, paf, pif, paf, gnaf, gnnnafff.

Tout le lundi je me repose,
Et le mardi je ne fais rien ;
Le mercredi, c'est autre chose....
Je me promène pour mon bien,
Le jeudi... je prends carte blanche ;

A l'atelier, le vendredi,
Je bûche fort jusqu'au dimanche,
Sans épargner le samedi.

Paf, pif, paf, pif, paf, pif, paf,
Battons la semelle,
Cousons avec zèle,
Gnaf, gnaf, gnaf, gnaf, gnaf,
Paf, pif, paf, paf, pif, paf, paf, pif, paf, paf,
Battons la semelle,
Cousons avec zèle,
Paf, pif, paf, paf, pif, paf, gnaf, gnnnafff.

Je veux de Lise, la bordeuse,
Me faire aimer d'un tendre amour;
Avec Adèle, la piqueuse,
Je me mets en ménage un jour;
Je ne quitterai point Rosette,
Je sens pour elle un doux penchant :
Que de plaisirs, à la guinguette,
Je vais savourer dans un an !

Paf, pif, paf, pif, paf, pif, paf,
Battons la semelle,
Cousons avec zèle,
Gnaf, gnaf, gnaf, gnaf, gnaf,
Paf, pif, paf, paf, pif, paf, paf, pif, paf, paf,
Battons la semelle,
Cousons avec zèle,
Paf, pif, paf, paf, pif, paf, gnaf, gnnnafff.

En attendant ces jouissances,
Il est trois heures, balayons
L'atelier et ses dépendances;
Cela fini, nous sortirons.
Ah! combien ai-je dans ma poche?
Six sous; je vais me promener ;
Je prends un canon, la brioche,
Et puis je m'amuse..... à flâner.

Paf, pif, paf, pif, paf, pif, paf,
    Battons la semelle,
    Cousons avec zèle,
    Gnaf, gnaf, gnaf, gnaf, gnaf,
Paf, pif, paf, paf, pif, paf, paf, pif, paf, paf,
    Battons la semelle,
    Cousons avec zèle,
Paf, pif, paf, paf, pif, paf, gnaf, gnnnafff.

L'APPRENTI CORDONNIER

Musique de M. LLAUNET

All° Moderato

Paf, pif, paf, pif, paf, pif, paf.

Bat—tons la se - mel - le, Cou - sons a - vec

zè - le, Guaf, guaf, guaf, guaf, guaf.

Paf, pif, paf, paf, pif, paf, paf, pif, paf, paf, Battons la se -

- mel - le, Cou - sons a - vec zè - le,

Rit. Paf, pif, paf, paf, pif, paf, guaf, guaaf, *Lent.* Quand

pourrais-je en prendre à mon ai-se, Quand donc ouvri-er à mon tour, Je ne se-rai plus sur ma chai - se, Col -

- lé pendant le long du jour, Pauvre ap-pren-ti ! dans

Rit.

la semai-ne, Bûche ou ga-re le ti-repied, Et le Dimanche ar-

Lento.

- rive à pei-ne, Pour un ap-pren-ti cor-don - nier.

FIN

TABLE

FIN DE LA TABLE.

Imprimé par Charles Nothet, rue Soufflot, 18.

www.ingramcontent.com/pod-product-compliance
Lightning Source LLC
Chambersburg PA
CBHW060608100426
42744CB00008B/1358